Das große Buch der Gutenachtgeschichten

Isolde Heyne

Das große Buch der
Gutenachtgeschichten

Zeichnungen von Marion Krätschmer

Loewe

Die Deutsche Bibliothek — CIP Einheitsaufnahme

Das große Buch der Gutenachtgeschichten/Isolde Heyne
Illustrationen von Marion Krätschmer
1. Aufl. — Bindlach: Loewe, 1994
ISBN 3-7855-2619-9

ISBN 3-7855-2619-9 — 1. Auflage 1994
© 1994 by Loewes Verlag, Bindlach
Umschlagzeichnung: Marion Krätschmer
Satz: Teamsatz, Neudrossenfeld

Inhalt

Der Sommer mit Clarissa 11

Friedolin, der Pinguin 15

Ein Geschenk für Opa Dillmann ... 18

Der Sandmann vom Lerchenberg . 21

Kraki mit den sieben Armen 25

Als ich noch in Afrika war... 28

Die Überraschung 31

Das Hähnchen aus der Tombola .. 35

Die Geburtstagslichter 38

Der Regenbogenfranz 41

Die vier Glühwürmchen 44

Der Elefant im Kinderzimmer 46

Die Spaßräuber 50

Die kichernden Weihnachtsengel .. 52

Freund Sonnenstrahl 55

Karlchen ist weg 57

Die Zirkusprinzessin 61

Tanjas Steine 65

Der kleine Drache Zweiköpfchen .. 68

Der Kalendermann 71

Blacky Prahlhans 74

Das Haus der Schneekönigin 77

Schweinchen Kugelrund 80

Das Spatzendenkmal 84

Das Flugfahrrad 87

Kater Zeppelin 90

Der Tolpatsch 93

Das Licht in der Flasche 97

Die Fleißwichtel........................ 99

Die Kröten mit den
Bernsteinaugen 101

Der Oma-Opa-Tag 104

Der doppelte Traumsand 107

Blasius der 333.......................... 109

Torkelfanten 112

Die Schneefrau 114

Der fünfte Zwerg 117

Die Schattentreter 120

Der Klumpatsch 122

Der Blumendieb 125

Der verschnupfte Anton 128

Maxi, das Riesenkind 131

Vier Federn für Frau Holle 134

Amanda, die schnellste
Schnecke der Welt 137

Das Osterkaninchen 140

Das kleine Gespenst 145

Ein Weihnachtsmärchen 149

Eine Kuhlandung 152

Das Geschenk der Puppenspielerin 155

Die dreizehnte Fee 158

Grüße für Oma Brettschneider 162

Buchstabensalat 164

Das verschwundene Mäuschen 167

Traumpferd Trabefix 170

Siebenpunkt 174

Charlys Buschtrommeln 176

Dino 179

Heiners Geburtstagswunsch 182

Die Vater Morgana 186

Anna ist doof! 189

Der Traumdelphin 191

Das Christbaumgespenst 194

Die Baumpaten 198

Wenn die Hochhaushexe streikt ... 201

Die Sonnenblumenschule 205

Kleiner Wolf 208

Die fliegende Luftmatratze 211

Der Fernsehhund 216

Die Millionenerbschaft 219

Der Schutzengeljob 221

Das Baumhaus 224

Die Geburtstagsparty 228

Alex, der Mäuseprinz 231

Der Sommer mit Clarissa

Eines Tages war sie da. Niemand wußte, woher sie kam und warum sie ausgerechnet in der Rosensiedlung ihren Leierkasten durch die Straßen schob und Musik machte. Bald konnte sich niemand mehr den Nachmittag ohne die Leierkastenlieder von Clarissa Sonnenschein vorstellen.

Ob Sonnenschein ihr wirklicher Name war, wußte niemand. Aber wer in ihr Gesicht sah, der zweifelte nicht daran. Ihre Augen, ihr Mund und ihr Lächeln gaben einem das Gefühl, als sei plötzlich die Sonne hinter den Wolken hervorgekommen. Und ihre Kleidung paßte auch dazu: bunt wie ein Sommergarten. Der große gelbe Strohhut war mit Blumen geschmückt. Mit echten selbstverständlich, je nach der Jahreszeit. Wie alt Clarissa war? Das konnte man nicht genau sagen. Aber sehr alt sicherlich nicht.

Die Kinder der Rosensiedlung waren oft ihre Begleiter. Sie hüpften zur Leier-

kastenmusik, oder sie sangen die Lieder einfach mit. Manchmal wollten die Leute ihr etwas Geld geben. Aber das lehnte Clarissa freundlich ab. „Ich spiele meine Lieder, weil es mir Spaß macht und weil ich spüre, daß es euch Fröhlichkeit bringt."

Ein bißchen Obst aus dem Garten oder ein Glas Saft nahm Clarissa aber gerne an. Wenn sie Pause machte, um etwas zu essen oder zu trinken, durften die Kinder die Kurbel drehen. Das war gar nicht so einfach, und manches Lied, das aus dem Leierkasten kam, klang dann nicht ganz so schön. Aber lustig war es trotzdem.

„Woher kommst du, Clarissa?" fragten die Kinder oft. „Warst du schon immer Leierkastenfrau?"

Clarissa schaute dann ganz nachdenklich über ihren Leierkasten hinweg in die Ferne.

„Nicht immer" sagte sie dann. „Und ich bin es auch nur einen Sommer lang."

Weitere Auskünfte waren aus ihr nicht herauszuholen. Sie lenkte dann immer schnell ab und ließ sich Geschichten erzählen: über das, was fröhlich macht oder auch traurig. Von den Träumen der Kinder wollte sie wissen und davon, wie es früher gewesen war, als sie noch nicht jeden Nachmittag mit ihrem Leierkasten in die Rosensiedlung gekommen war.

Oft erzählte Clarissa auch selbst Geschichten. Es waren immer solche, die die Kinder noch nirgendwo gehört oder gelesen hatten. Und dann fragte Clarissa, ob den Kindern die Geschichten gefallen hatten oder wie sie sich gewünscht hätten, daß die Geschichten ausgegangen wären. Ja, es war ein wunderbarer Sommer mit Clarissa.

„Der Sommer ist bald vorüber" sagte sie eines Tages, und ein Hauch von Traurigkeit flog über ihr Gesicht. „Die Schwalben sammeln sich schon. Und mein Hut ist mit Herbstblumen geschmückt. Bald werde ich nicht mehr kommen können..."

„Warum? Du kannst doch auch im Herbst und im Winter zu uns kommen und deine Lieder spielen. Was sollen wir denn ohne dich tun?"

„Ich hatte nur noch diesen Sommer Zeit", sagte Clarissa. „Aber ihr werdet doch an mich denken?"

„Bestimmt!" sagten die Kinder. „Im nächsten Sommer kommst du doch wieder, Clarissa. Versprich es uns, bitte."

Da lächelte Clarissa, und in ihrem

Gesicht war lauter Sommersonne. „Ihr werdet auf jeden Fall von mir hören. Und wenn es euch im Herbst oder im Winter zu langweilig wird, dann hört euch meine Lieder an."

Sie holte aus der Tasche ihres weiten bunten Rockes eine Musikkassette und schenkte sie den Kindern der Rosensiedlung. Dann zogen sie alle gemeinsam mit Clarissa durch die Straßen. Es wurde ein besonders schöner Nachmittag, an den

sie alle noch lange dachten, weil er der letzte mit Clarissa war.

Im nächsten Sommer warteten die Kinder vergeblich auf ihre Leierkastenfrau. Aber zu Beginn der Ferienzeit brachte der Briefträger ein riesengroßes Paket in die Rosensiedlung. Es waren Bücher – für jedes Kind eines. Und in den Büchern standen alle die Geschichten, die sie Clarissa erzählt hatten, aber viel, viel schöner. Und noch viele andere

Geschichten dazu. Auf dem Buchumschlag sahen sie Clarissa wieder: mit sommerbuntem Kleid, dem gelben Blumenhut und mit ihrem Leierkasten. Und rings um sie herum die Kinder.

„Das bin doch ich!"

„Und das bin ich!"

„Sieh mal her – das sind doch wir!"

Auch einen Brief fanden die Kinder im Buchpaket. „Danke schön für den Sommer mit euch! Es war wunderbar. Ich werde immer an euch denken. Eure Clarissa Sonnenschein."

Nach vielen Jahren erst, als die Kinder der Rosensiedlung selbst schon wieder Kinder hatten, erfuhren sie, wie berühmt ihre Leierkastenfrau geworden war. Sie war eine richtige Geschichtenerzählerin.

Aber in der Erinnerung blieb sie immer Clarissa Sonnenschein, die Leierkastenfrau der Rosensiedlung.

Friedolin, der Pinguin

Der Pinguin Friedolin war sehr traurig, denn er hatte nur einen einzigen Anzug. Aber das war nicht ein normaler Straßenanzug, sondern ein Frack. Tag und Nacht mußte er den Frack tragen, denn einen Schlafanzug besaß er auch nicht.

Im Winter ging's ja noch, da konnte Friedolin ins Theater gehen. Dort fiel er nicht auf. Auch im Konzert konnte er sich sehen lassen, und einmal hatte er sich sogar in ein Restaurant gewagt. Alles wäre gutgegangen, wenn Friedolin nicht einen lebendigen Hering verlangt hätte.

„Wir sind ein Spezialitätenrestaurant und keine Fischbude!" sagte der Ober empört und setzte den Pinguin einfach vor die Tür.

Besonders schlimm war es im Sommer, wenn Friedolin baden gehen wollte. Er besaß nämlich auch keine Badehose. Also mußte er im Frack ins Wasser springen. Als die Leute das sahen, schrien sie nach dem Bademeister.

„Unerhört! Da badet einer im Frack!"

Der Bademeister machte ein strenges Gesicht. „Das ist bei uns nicht üblich, im Abendanzug zu baden. Haben Sie keine Badekleidung?"

„Nein", antwortete der Pinguin Friedolin kleinlaut. „Ich besitze nur den Frack, den ich anhabe."

„Tut mir leid", sagte der Bademeister. „Aber damit dürfen Sie nicht ins Schwimmbecken."

Traurig trottete der Pinguin davon. Er schwitzte und hätte sich so gern im Wasser abgekühlt. Als er an einen Fluß kam, war weit und breit niemand zu sehen.

„Hier kann ich endlich baden", dachte Friedolin erleichtert. Aber er hatte wieder Pech, denn kaum war er im Wasser, kam ein Mann in Uniform angelaufen und schrie: „He, Sie da! Können Sie nicht lesen?"

Da erst sah der Pinguin das Schild. Aber es hätte ihm auch nichts genützt,

wenn er es vorher gesehen hätte, denn er konnte nicht lesen.

„Baden verboten!" sagte der Mann in Uniform. „Noch dazu im Frack! Sie kriegen eine Ordnungsstrafe!"

Pinguin Friedolin entschuldigte sich bei dem Mann in Uniform. Er schämte sich sehr, daß er nicht lesen konnte. Außerdem merkte er erst jetzt, wie schmutzig sein weißes Frackhemd durch das Wasser geworden war. Der Mann in Uniform ließ den Pinguin laufen, weil er Mitleid mit ihm hatte.

Friedolin lief tagelang, bis er endlich ans Meer kam.

„Hier kann ich endlich baden!" dachte er. Aber als er gerade ins Wasser gehen wollte, schimpften die Leute am Strand.

„Sie da, im Frack! Hier ist ein Nacktbadestrand! Ziehen Sie sofort Ihren Frack aus! Oder schämen Sie sich etwa…"

Pinguin Friedolin lief davon, so schnell er konnte. Er hatte die Nase voll und beschloß auszuwandern. Er lief neuntausendneunhundertneunundneunzig Kilometer, und das dauerte lange. Schließlich kam er am Südpol an. Und es stimmte wirklich, was ihm unterwegs die Möwen, die Seehunde und die Eisbären erzählt hatten: Es waren schon mindestens neunhunderttausend Pinguine vor ihm da. Und sie badeten alle im Frack!

Ein Geschenk für Opa Dillmann

Die allerschönsten Geschichten wußte Opa Dillmann. Wenn er nachmittags mit seinem Hund Ajax spazierenging, setzte er sich auf seine Lieblingsbank in der Borkenstraße, um auszuruhen. Da fanden sich immer ein paar Kinder ein, die ihn um die allerneueste Geschichte baten. Opa Dillmann kannte viele lustige Geschichten, und manchmal erfand er selber welche. Das gefiel den Kindern immer am allerbesten.

Nun hatte Opa Dillmann bald seinen siebzigsten Geburtstag. Petra wußte das von ihrer Mutter. Die Kinder aus der Borkenstraße, die sich immer seine Geschichten anhörten, wollten ihm da eine besondere Freude machen – als Dankeschön für die vielen schönen Geschichten. Aber das war sehr schwierig, denn Opa Dillmann konnte nichts sehen. Seit fast fünfzig Jahren war er blind. Er sagte immer: „Mein Ajax paßt für mich auf. Der hat gute Augen, dem entgeht nichts." Und Mitleid verbat sich Opa Dillmann ganz energisch.

Die Kinder steckten die Köpfe zusammen und berieten tagelang, womit sie Opa Dillmann eine richtige Geburtstagsfreude machen könnten.

„Blumen, viele Blumen", schlug Anja vor. „Wir schmücken Opa Dillmanns Geschichtenerzählbank mit vielen bunten Blumen."

„Die kann er doch nicht sehen", sagte Mirco. „Womöglich setzt er sich drauf, und dann verwelken sie gleich."

„Aber riechen kann er sie", verteidigte Anja ihren Vorschlag.

Schließlich waren ein paar Ideen zusammengekommen, aber so richtig zufrieden waren die Kinder damit doch noch nicht.

„Wie wäre es denn mit einem großen Blumenkasten voller Küchenkräuter?" schlug Petras Mutter vor. „Die riechen gut, und essen kann man sie außerdem."

„Das ist doch nichts Besonderes!" meinte Petra.

Aber Anja war von diesem Plan begeistert.

„Doch! Wenn jeder ein anderes Töpfchen mitbringt, ist das schon was Besonderes. Petra kann zum Beispiel Petersilie mitbringen..."

Es war gar nicht schwer, für jeden ein anderes Küchenkraut zu finden: Petersilie, Thymian, Basilikum, Majoran, Schnittlauch...

„So viel Platz ist doch gar nicht in einem Blumenkasten", stellte Mirco plötz-

18

lich fest. „Und Opa Dillmann hat doch nur einen winzigen Balkon."

Wieder wußte Petras Mutter Rat. „Ihr könnt ja zusätzlich noch Gewürze in kleinen Gläsern verschenken. Lorbeerblätter, Piment, Zimt und Nelken zum Beispiel."

Damit waren alle zufrieden. „Ja, frische Gewürze im Sommer und die anderen für den Winter. Es gibt so viele, das reicht für uns alle."

Als der Geburtstag von Opa Dillmann endlich da war, hatten die Kinder der Borkenstraße die Erzählbank trotzdem noch mit Blumen geschmückt. Auf der rechten Seite der Bank stand der Blumenkasten mit den frischen Kräutern und auf der lin-

ken Seite ein Korb mit vielen kleinen Gläsern, die mit Gewürzen gefüllt waren.

„Happy Birthday to You!" sangen die Kinder aus der Borkenstraße, als Opa Dillmann wie an jedem Tag mit seinem Hund Ajax zur Erzählbank kam.

„Woher wißt ihr denn, daß ich heute Geburtstag habe?" fragte er überrascht.

Die Kinder kicherten nur.

Vorsichtig, damit auch nicht eine einzige Blume zerdrückt wurde, setzte sich Opa Dillmann auf die Bank. Die Kräuter im Blumenkasten befühlte er genau, und er kannte alle Namen. Er zupfte von jeder Pflanze ein winziges Blättchen ab und zerrieb es zwischen den Fingern.

„Ja, das ist Basilikum", sagte er dann.

„Und das ist Minze. Und hier ist sogar Dill …"

Die Kinder freuten sich, daß ihr Geburtstagsgeschenk genau richtig für Opa Dillmann war.

„Das ist sehr schön", sagte er. „Damit kann nun alles gut gewürzt werden und schmeckt noch mal so gut."

Nun kam der Korb mit den Gläsern dran. Auch da wußte Opa Dillmann genau Bescheid. Und nicht nur das: Von jedem Gewürz konnte er den Kindern aus der Borkenstraße erzählen, wo es wuchs und wie es aussah.

„Ich werde mir dazu auch noch Geschichten ausdenken", versprach Opa Dillmann. „Und jetzt im Sommer kann ich den Kräuterkasten auf den Balkon stellen und immer daran schnuppern. Ihr

habt mir eine ganz besondere Freude gemacht."

Mit Ajax voran, der das Gewürzkörbchen im Maul trug, zogen die Kinder bis zum Haus von Herrn Dillmann. Die Blumengirlande von der Erzählbank hatten sie natürlich auch mitgenommen. Die wanden sie schließlich um das Balkongeländer, damit alle Leute aus der Straße sehen konnten, daß im Haus ein Geburtstagskind wohnte.

Opa Dillmann stellte den Kräuterkasten auf den Balkon und holte gleich die Gießkanne.

„Damit die Kräuter auch ordentlich wachsen", meinte er. Dann holte er Gläser und Obstsaft, damit er mit den Kindern auf seinen siebzigsten Geburtstag anstoßen konnte.

Der Sandmann vom Lerchenberg

Sandmann Heinz aus Mainz ärgert sich. Immer wieder weigern sich einige Kinder, ihn als den richtigen Sandmann anzuerkennen. „Der aus dem Fernsehen, das ist der echte", sagen sie. „Du hast ja nicht mal eine Schirmmütze auf dem Kopf. Und du kommst auch nie mit dem Hubschrauber."

Nein, im Hubschrauber hat ihn die Oberste Sandmannbehörde noch nie landen lassen. Sie genehmigen ihm nicht mal ein Auto, obwohl sie wissen, wie gern er damit abends zu den Kindern flitzen würde.

Seufzend entschließt sich Sandmann Heinz, zum Fernsehen auf den Lerchenberg zu gehen. „Das muß endlich aufhören mit diesem Fernsehsandmann", denkt er.

Mit dem Omnibus fährt er zum großen Funkhaus. Aber schon beim Pförtner kommt er nicht weiter.

„Ich bin Sandmann Heinz aus Mainz", sagt er. „Und ich möchte . . ."

„Sandmann?" fragt der Pförtner erstaunt. „Die Stelle ist seit Jahren besetzt. Da werden Sie kein Glück bei der Personalabteilung haben."

Weil der Pförtner so streng schaut, fragt Sandmann Heinz ganz schüchtern: „Kann ich wenigstens mit dem Fernsehsandmann reden?"

„Herr Sandmann ist gerade bei den Außenaufnahmen, den können Sie jetzt nicht stören", ist die barsche Antwort.

Schon ist der nächste Besucher am Schalterfenster des Pförtners, und Sandmann Heinz wird einfach beiseite

Sandmann Heinz freut sich. Besser konnte das gar nicht klappen. Sie steigen in das buntbemalte Auto des Geschichtenerzählers und fahren eine lange Straße entlang – bis sie aus der großen Stadt raus sind. Aber die Fahrt wird nie langweilig, denn der Geschichtenerzähler erfindet immer wieder neue spannende und aufregende Geschichten.

Als sie endlich ankommen, machen die Fernsehleute gerade Pause. Sie haben schon sehnlichst auf das Drehbuch für eine neue Sandmännchengeschichte gewartet.

Sandmann Heinz aber staunt, was es da alles zu sehen gibt: Kameras, Mikrofone, große Leuchten, Schauspieler – und den Fernsehsandmann höchstpersönlich. Sandmann Heinz hätte sich gern alles genau angeschaut, aber dazu ist er ja nicht hergekommen. Schnurstracks geht er auf den Fernsehsandmann zu.

„Ich möchte dich mal was fragen", sagt er vorsichtig. Es fällt Sandmann Heinz nicht leicht, diesem berühmten Kollegen von seinen Schwierigkeiten zu erzählen. Vielleicht lacht der ihn sogar aus. Hier dreht sich doch alles um ihn, er ist die Hauptperson.

Aber der Fernsehsandmann lacht nicht. Er ist selber traurig.

„Ich komme gar nicht mehr richtig zu den Kindern", klagt er. „Und Drehzeit ist immer tagsüber, wenn ich müde bin. Ich weiß schon gar nicht mehr, wie richtiger Traumsand aussieht."

„Aber die Kinder halten *dich* für den echten Sandmann – nicht *mich*." Sand-

geschoben. Traurig will er sich gerade wieder auf den Heimweg machen, als er den Geschichtenerzähler die Treppe herunterkommen sieht.

„Was machst du denn hier?" fragt dieser ihn erstaunt.

Bevor Sandmann Heinz antworten kann, spricht der Geschichtenerzähler schon weiter. „Ich wollte gerade das Drehbuch für eine neue Sandmännchengeschichte abgeben. Aber ich kam zu spät. Ich bin nämlich mit der Geschichte nicht rechtzeitig fertig geworden, weil ich eingeschlafen bin." Er lacht.

„Und was machst du jetzt?" fragt Sandmann Heinz.

„Jetzt fahre ich den Fernsehleuten hinterher. Die können doch sonst nicht weiterarbeiten. Willst du dir das mal anschauen?"

mann Heinz ist ratlos. „Wenn ich mal vor die Kamera dürfte, vielleicht . . ."

Doch der Fernsehsandmann winkt müde ab. „Schlag dir das aus dem Kopf. Wenn so eine Serie erst mal läuft, dann ist nichts mehr zu ändern."

„Es geht gleich weiter!" ruft der Aufnahmeleiter. Der Fernsehsandmann erhebt sich langsam: „Immer haben sie es eilig. Selbst wenn ich möchte, ich könnte gar nicht lange bei einem Kind bleiben." Da hat Sandmann Heinz eine Idee: „Weißt du was, wir gehen heute abend gemein-

sam zu den Kindern. Du kriegst den Sack mit dem echten Traumsand, und ich darf dafür mit deinem Hubschrauber landen."

Der Vorschlag gefällt dem traurigen Fernsehsandmann so gut, daß er gar nicht mehr an die Dreharbeiten denkt. Und weil der Geschichtenerzähler gerade in sein buntbemaltes Auto steigt, fahren die beiden mit ihm in die Stadt zurück.

An diesem Abend warten die Kinder vergeblich vor den Fernsehern auf den Sandmann. Zwar erklingt das Sand-

männchenlied, und ein Hubschrauber landet – aber kein Sandmann steigt aus.

Dafür bekommen die Kinder in dieser Nacht aber einen besonders schönen Traum, weil gleich zwei Sandmännchen zu ihnen kommen und reichlich Traumsand verteilen. „Echter Traumsand", schwärmt der Fernsehsandmann, „so was hatte ich schon lange nicht mehr in den Händen. Willst du nicht mit mir tauschen, Sandmann Heinz?"

Nein, das will der nicht mehr. Die Kinder brauchen ihn ja. Ihn, den echten Sandmann.

Aber er verspricht dem Fernsehsandmann, ihn ab sofort mindestens einmal im Jahr auf seinem Weg zu den Kindern mitzunehmen.

Kraki mit den sieben Armen

„Ich werde jeden Tag traurig sein, wenn du zur Kur bist!" jammerte Carolin. „Achtundzwanzig Tage lang!"

„Das wirst du bestimmt nicht", versicherte ihr die Mutter. Doch Carolin war sich sicher, daß sie kein einziges Mal lachen und ein Tag schrecklicher sein würde als der andere. Da lächelte ihre Mutter geheimnisvoll.

„Ich lasse dir jemanden da, der dich aufheitert. Du mußt nur ganz ehrlich zu ihm sein. Und wenn ich wiederkomme, erzählst du mir, ob wirklich alle Tage so traurig waren."

Was hatte die Mutter vor? Carolin war viel zu neugierig. Sie ließ nicht locker, bis sie ein bißchen davon erfuhr.

„Du kriegst von mir ganz viele Bändchen. Alle sind gleich lang, aber sie haben verschiedene Farben. Die dunkelgrauen sind für traurige Tage und die weißen für Tage, an denen überhaupt nichts Besonderes passiert ist. Die roten, grünen, gelben, blauen – alle bunten Schleifen sind für Tage, an denen es schön war. Aber du mußt ehrlich sein, denn Kraki duldet keine Schwindeleien."

„Kraki? Wer ist das?" Carolin wurde immer neugieriger. Aber jetzt verriet ihre Mutter nichts mehr.

Erst nachdem sie abgereist war, erfuhr Carolin, was es mit Kraki auf sich hatte.

Als sie aus der Schule nach Hause kam, klebte ein riesengroßer bunter Stoffkrake mit sieben Armen an ihrer Schranktür. Jeder Fangarm hatte eine andere Farbe, und auf jedem war der Anfangsbuchstabe eines Wochentages aufgenäht.

Carolin begriff, was das zu bedeuten hatte: Sie sollte jeden Abend ein Schleifchen nehmen und es an den Krakenarm

binden: ein buntes für einen fröhlichen Tag, ein dunkles für einen traurigen, ein weißes für einen Tag, an dem überhaupt nichts Wichtiges war.

Als sie abends das neue Stofftier von ihrem Bett aus betrachtete, war sie nicht ganz sicher, welche Schleifenfarbe sie nehmen sollte. Am besten, ich nehme gar keine, dachte sie. Und kurz bevor Mama zurückkommt, binde ich einfach achtundzwanzig Bänder an Krakis Arme.

„Das ist unehrlich!" sagte Kraki.

Carolin fiel vor Schreck beinahe aus dem Bett. Hatte das Stofftier tatsächlich gesprochen? Oder hatte sie Krakis Stimme nur ganz innen in sich selbst gehört?

Vorsichtshalber sagte Carolin: „Ich weiß nicht, welche Farbe ich anbinden soll…"

„War der Tag so schlecht? Wie traurig warst du denn? Hast du nicht manchmal auch gelacht?"

„Ach, Kraki!" sagte Carolin. „Sei doch nicht so pingelig. Klar bin ich traurig, daß Mama vier Wochen nicht da sein wird.

Aber deswegen muß ich doch nicht den ganzen Tag heulen!"

„Versuche es mal mit einer blauen Schleife", riet Kraki.

Carolin suchte im Karton ein blaues Band und machte eine schöne Schleife an den Fangarm, auf dem MO stand. MO für Montag, DI für Dienstag . . .

Nun war Carolins Mutter schon fast drei Wochen weg. „Und noch keine einzige graue Schleife", stellte Carolin erstaunt fest. Jeden Abend hatte sie ein Band an Krakis Armen befestigt. Rote, grüne, blaue, gelbe. Nur einmal war ein weißes dabei. Das war aber auch ein schrecklicher Regentag gewesen. Absolut nichts war passiert, Langeweile den ganzen Tag.

Aber mit Kraki ließ sich prima reden. Wenn Carolin nicht wußte, was sie tun sollte, fragte sie das Stofftier. Es sah jeden Tag lustiger aus mit seinen bunten Schleifen.

„Ich gebe dich nicht wieder her, wenn Mama zurückkommt", sagte Carolin, als Kraki schon über und über mit Schleifen bedeckt war.

„Prima", sagte Kraki. „Ich bin auch gern bei dir. Weil du mir immer erzählst, was du erlebt hast. Das ist nie langweilig."

„Und nie total traurig, oder?"

„Nein", antwortete Kraki. „Und wenn es mal so wäre, wir finden schon was Schönes. Auch an einem Tag, wo du traurig bist."

Als die Mutter wieder nach Hause zurückkam, sah sie die vielen bunten Schleifen. Sie freute sich darüber. Besonders weil Carolin für den Wiedersehenstag eine besonders schöne rote Schleife an Kraki befestigt hatte.

Als ich noch in Afrika war...

Timo hört am liebsten Vaters Afrika-Geschichten. Vor dem Einschlafen kann er sie noch lange weiterdenken. Manchmal träumt er dann auch von Elefanten, Giraffen und Löwen.

„Papa war nie in Afrika", behauptet Timos Mutter. Doch Timo und sein Vater blinzeln sich nur verschwörerisch zu. „Heute abend", soll das heißen. „Das wird wieder ein tolles Abenteuer!"

Afrika-Geschichten gibt es nicht immer. Timos Vater ist als Fernfahrer viel unterwegs. Deshalb freut sich Timo auch immer auf die Abende, an denen der Vater mit seinen Geschichten das Kinderzimmer zu riesigen Savannen macht, zu Dörfern mit runden Hütten, oder wenn er ihn gar auf eine Löwenjagd mitnimmt.

Jede Geschichte beginnt mit dem Satz: „Als ich noch in Afrika war..."

Timo darf dann selbst bestimmen, was der Vater erzählen soll: „...da mußtest du einmal mit dem Hubschrauber notlanden, Papa."

„Ja, ja", sagt dann Timos Vater und überlegt ein bißchen. „Das war damals gar nicht so einfach. Ich verstand von der Sprache nur ein paar Brocken. Aber das hätte mir sowieso nichts genützt, denn weit und breit waren keine Menschen zu sehen. Aber Tiere! Als ich verzweifelt versuchte, über das Funkgerät Hilfe zu holen, erblickte ich am Horizont eine große Herde Antilopen. Da vergaß ich, daß ich mutterseelenallein in der Wildnis notgelandet war, nahm meine Kamera und fotografierte, bis der Film alle war..."

„Weil du ja immer mit dem Fotoapparat auf Jagd gehst, nicht wahr?"

„Genau, Timo. Das macht viel mehr Spaß als mit dem Gewehr."

„Und was war mit dem Hubschrauber?" will Timo wissen.

„Der stand noch da, wo ich gelandet war, und rührte sich einfach nicht. Das Funkgerät sagte auch keinen Ton mehr, und ich richtete mich schon darauf ein, die Nacht in der Wildnis zu verbringen. Du kannst dir nicht vorstellen, wie überrascht ich war, als plötzlich – wie aus dem Nichts..."

„...der Kleine Prinz neben dir stand!" Timo kennt die Geschichte vom Kleinen Prinzen und dem Flieger natürlich sehr genau, und er liebt es, immer neue Abenteuer hinzuzufügen. Aber der Vater will diesmal nicht.

„Nein, Timo, es war nicht der Kleine Prinz. Der Mann, der plötzlich neben dem Hubschrauber stand, war Charly. Seinen Namen erfuhr ich allerdings erst viel später. Ohne ein Wort mit mir zu reden, ging er um den Hubschrauber herum und nickte nur manchmal mit dem Kopf. Dabei hatte ich Gelegenheit, ihn mir genau zu betrachten: Er war groß und sehr dünn, hatte braune Haut und krauses Haar. Das Alter konnte ich schlecht schätzen. Aber er schien wirklich etwas von Hubschraubern zu verstehen."

„Woher kam er, Papa?"

„Das erfuhr ich erst viel später. Und das ist schon wieder eine andere Geschichte, Timo. Jedenfalls kriegte Charly den Hubschrauber wieder in Ordnung. Als er mit der Reparatur fertig war, lachte er und hielt mir die ölverschmierte Hand hin. ‚Ich heiße Charly!' sagte er.

Von da an war Charly in Afrika immer mein Reisebegleiter. Und er verstand nicht nur etwas von Hubschraubern, son-dern wußte auch viel über die Menschen und Tiere."

„Und woher kam Charly so plötzlich?" bohrt Timo, denn er will es ganz genau wissen.

„Ja, woher?" fragt Timos Vater zurück. „Vielleicht auch von einem Stern wie der Kleine Prinz? Wer weiß."

Timo fragt nicht mehr. Er denkt sich selbst aus, woher Charly so plötzlich kam.

Die Überraschung

Der Weihnachtsmann war ziemlich müde. Den ganzen Tag hatte er vor dem Kaufhaus gestanden. Und dann war er noch unterwegs gewesen, um Kindern Geschenke zu bringen. Seine Füße taten weh, auch hätte er gern einen heißen Kaffee getrunken. Aber er hatte keine Lust, nach Hause zu gehen. Auf ihn wartete niemand. Nicht mal ein kleiner Christbaum.

Der Weihnachtsmann setzte sich auf eine Bank am Marktplatz. Die Buden vom Weihnachtsmarkt waren abgebaut. Die große Tanne stand verlassen da. Hinter den Fenstern der Häuser blitzten schon die Lichter der Christbäume auf.

„Schade", dachte der Weihnachtsmann, „es hat nicht mal geschneit dieses Jahr."

Als er sich dann etwas ausgeruht hatte, beschloß er, sich doch auf den Heimweg zu machen. Da entdeckte er unter dem Riesenchristbaum einen dunklen Fleck, der sich bewegte. „Ein Hund", murmelte er überrascht. „Sicher ein Hund, der kein Zuhause hat. Ich werde ihn über die Feiertage mitnehmen. Dagegen wird meine Wirtin nichts haben."

Als er näher hinging, sah er, daß es gar kein Hund war.

„Was machst du denn da?" fragte er den kleinen Jungen, der frierend unter dem Baum hockte. „Es ist Heiligabend, mach schnell, daß du nach Hause kommst. Deine Eltern werden sich um dich sorgen."

Und weil der Junge keine Antwort gab, aber auch nicht aufstand, legte der Weihnachtsmann seinen leeren Sack auf die Pflastersteine und setzte sich darauf. Ihm machte die Kälte nichts aus. Sein Mantel war dick gepolstert, und die Filzstiefel waren warm. Der Junge jedoch bibberte vor Kälte. Da zog der Weihnachtsmann den Jungen an sich heran und nahm ihn in die Arme. Er pustete auch die Hände des Jungen warm und steckte sie in seine großen Fausthandschuhe.

„Wie heißt du?" fragte er den Jungen. „Und wieso bist du um diese Zeit nicht zu Hause?"

Statt darauf zu antworten, sagte der Junge: „Weihnachten macht überhaupt keinen Spaß."

„Und warum nicht?" wollte der Weih-

nachtsmann wissen. „Habt ihr keinen schönen Christbaum mit bunten Kugeln, keine Weihnachtsgans und keine Geschenke?"

„Das ist es nicht." Der Junge schüttelte den Kopf. „Ich bin fortgelaufen, weil ich die Geschenke letzte Woche schon heimlich ausgepackt habe. Ich weiß, daß ich ein Computerspiel kriege, einen Fußball, einen – ach, ich will einfach nicht zu Hause sein heute abend. Es ist doch keine Überraschung mehr für mich. Aber ich müßte so tun, als ob ich mich freue."

Der Weihnachtsmann stand auf und legte den Sack zusammen. „Ja, wenn das so ist!" meinte er. „Hast du denn eine Überraschung für deine Eltern?"

Jetzt glänzten die Augen des Jungen. „Für meine kleine Schwester habe ich ein Puppenbett gebastelt, ganz allein. Und für meine Eltern habe ich ein Bild gemalt und ein Gedicht gelernt. Es handelt von dir. Paß auf, es fängt so an: Von drauß' vom Walde komm' ich her . . ." Der Junge sagte das Gedicht auf und blieb nicht ein einziges Mal stecken.

„Das hast du prima gelernt", lobte der Weihnachtsmann. „Komm, ich bring' dich jetzt nach Hause."

„Nein", sagte der Junge. „Ich will nicht." Nun begann es doch noch zu schneien. Erst einzelne dicke Flocken, dann immer mehr. Im Nu war alles weiß.

„Ich kann hier nicht ewig rumstehen",

sagte der Weihnachtsmann. „Außerdem habe ich noch nicht mal einen Christbaum."

Der Junge war erstaunt: „*Du* hast keinen Christbaum?"

Verlegen blickte der Weihnachtsmann auf den Boden. „Ach, weißt du, ich bin noch nicht lange hier, und ich wohne zur Untermiete. Ich dachte, es würde auch ohne Christbaum gehen. Aber er fehlt mir doch, glaube ich." Er nahm seine Perücke ab und den weißen Bart. Weil es kalt war und immer mehr schneite, setzte er seine Mütze auf.

Der Junge zog die Handschuhe aus und hielt sie dem Weihnachtsmann hin. Der lächelte. „Behalte sie. Dann hast du doch noch eine Weihnachtsüberraschung. Die halten warm."

„Danke." Der Junge strahlte ihn an. „Und wenn du Zeit hast, dann nehm' ich dich jetzt mit nach Hause. Als Überraschung. Ein Weihnachtsmann ohne Christbaum – wo gibt's denn so was!"

Das Hähnchen aus der Tombola

Ganz früh am Morgen hörte Verena ein lautes Krähen.

„Ich spinne wohl", dachte sie. „Wo kann denn hier ein Hahn krähen, im elften Stock, im Hochhaus!"

„Kike-rie-äh . . ." Jetzt war es ganz deutlich und ganz nah. Verena kletterte aus dem Bett. Auf Zehenspitzen schlich sie aus dem Zimmer. Ihre Eltern schliefen noch. Sie waren spät nachts vom Betriebsfest nach Hause gekommen.

„Kike-rie-käh!" Das Gekrächze kam aus der Küche und klang ziemlich unbeholfen. Verena riß die Küchentür auf. Sie traute ihren Augen kaum. Auf dem Fensterbrett saß ein Hahn, der gerade wieder loskrächzen wollte.

„Willst du wohl still sein!" schimpfte Verena. „Es ist noch nicht mal fünf. Und außerdem ist heute Sonntag."

Es war ein noch sehr kleiner Hahn. Verschreckt flatterte er in der Küche herum und ließ sich von Verena nicht einfangen. Plötzlich schepperte es. Mamas schöne Blumenvase lag in tausend Scherben auf dem Fußboden. Verena holte Kehrschaufel und Besen. Eine schöne Bescherung war das.

„Wo kommst du überhaupt her?" fragte Verena.

Der kleine Hahn versuchte noch einmal zu krähen, schaute dann aber neugierig zu, als Verena rasch die Scherben zusammenfegte.

„Wir haben Uli in der Tombola gewon-

nen." In der Küchentür stand Verenas Vater. Er gähnte laut.

„Uli?" fragte Verena. „Heißt das Hähnchen so?"

„Ja, und ihn gibt es heute zum Mittagessen", sagte der Vater. „Ein frisches Hähnchen schmeckt viel besser als die tiefgefrorenen aus dem Supermarkt." Er machte sich daran, Uli einzufangen. Wenig später saß das Hähnchen wieder in dem Karton, in dem es vom Betriebsfest nach Hause transportiert worden war.

Beim Frühstück wurde nur darüber gesprochen, auf welche Weise das Hähnchen zum Mittagessen zubereitet werden könnte.

„Ihr wollt Uli tatsächlich essen?" Ve-

rena war entsetzt. „Das ist gemein. Was kann Uli dafür, daß er in der Tombola verlost worden ist? Er könnte noch prima auf einem Bauernhof rumlaufen und richtig krähen lernen. Und wer soll ihn schlachten? Du vielleicht, Papa?"

Verenas Vater murmelte nur leise etwas in sich hinein, das nach „Ich muß mal nach dem Auto schauen" klang. Dann verschwand er schnell aus der Wohnung.

Verena überlegte, wie sie Uli retten könnte. „Verstecken werde ich ihn. Aber wie bringe ich ihm bei, daß er nicht krähen darf?"

Wenig später trug sie Uli in einer Plastiktüte aus der Wohnung.

„Sei bloß still!" sagte sie, als sie mit dem Hähnchen im Fahrstuhl nach unten fuhr. Aber vor dem Haus angekommen, war sie ratlos. Wo sollte sie Uli verstecken? Hier gab es keine Hähnchenverstecke, nur Parkplätze für Autos. Entmutigt setzte sie sich auf die Treppenstufen vor dem Hauseingang. Wohin sie auch schaute – nur Beton, Autos und viele Balkons, auf denen bestimmt morgens um fünf keine Hähne krähen durften.

„Und was machen wir nun mit ihm?" Verena erschrak, als plötzlich der Vater vor ihr stand. Ihre Finger krampften sich um die Henkel der Plastiktüte, aus der Ulis Kopf herausschaute.

„Er muß krähen lernen!" sagte sie.

„Na ja", sagte Verenas Vater. „Das habe ich mir auch schon gedacht. Es klang ja schrecklich, heute früh ..."

Verena schaute hoffnungsvoll auf ihren Vater. „Weißt du, wo Uli herkommt? Im Supermarkt gibt's doch nur die gefrorenen Hähnchen."

Verenas Vater überlegte einen Augenblick. Dann sagte er lächelnd: „Komm, wir bringen Uli auf einen Bauernhof. Hähnchen für die Tombola! Wo gibt's denn so was?"

Verena lief schnell mit dem Vater zum Auto. Als sie zum Balkon hochschaute, sah sie, wie ihre Mutter fröhlich winkte.

„Hoffentlich hat sie die Scherben von der Blumenvase im Mülleimer noch nicht entdeckt", dachte Verena. „Womöglich könnte Uli dann doch nicht lernen, wie man richtig kräht."

Die Geburtstagslichter

So einen traurigen Geburtstag hat Elisabeth noch nie erlebt. Kein einziges der schönen Geburtstagsgeschenke kann sie gebrauchen. Nicht das Springseil, nicht den Kreisel, auch nicht den tollen Roller mit der Klingel. Und schon gar nicht den roten Ball. Den hatte ihr Helmut geschenkt, ihr bester Freund.

Elisabeth sitzt auf ihrem Bett und hält das rechte Bein ganz steif von sich gestreckt. Es ist bis zum Knie eingegipst. Dicke Tränen rollen über Elisabeths Wangen und tropfen auf das Geburtstagskleid.

Elisabeth ist verzweifelt. Sonst hüpft und springt sie den ganzen Tag von einem Pflasterstein zum anderen. Kein Tag vergeht, an dem sie nicht ein neues Springspiel ausprobiert. Und nun das: Ausgerechnet am Geburtstagsmorgen ist sie ausgerutscht und hat sich das Bein gebrochen. Aus ist's mit der Hüpferei. Mindestens für ein halbes Jahr!

Elisabeth sitzt mit verschwollenen Augen auf ihrem Bett und betrachtet ihre Beine: eins ist braun, das andere gipsweiß.

Nur Helmut ist noch bei ihr. Die anderen Geburtstagsgäste sind schon gegangen.

„Hör endlich mit der Heulerei auf!" sagt er. „So ein gebrochenes Bein heilt schnell."

„Aber dann ist es Winter", jammert Elisabeth. „Und da nützen mir meine Geburtstagsgeschenke überhaupt nichts mehr."

Helmut denkt nach. „Wenn du heute ein Geburtstagsgeschenk hättest, das dir richtig Freude macht, würdest du dann wieder lachen?"

Elisabeth bekommt blanke Augen. „Bestimmt!"

Da legt Helmut seine Stirn in Nachdenkefalten und macht ein wichtiges Gesicht. „Ich schenke dir – ich schenke dir..."

„Na was? Sag schon!" Elisabeth kann es nicht erwarten.

„Ich schenke dir die neuen Lichter in unserer Straße. Sie werden heute abend das erste Mal leuchten."

Die Sache mit den Lichtern war ihm eingefallen, weil Elisabeth am Nachmittag gar nicht die Kerzen auf ihrer Geburtstagstorte auspusten konnte. Sie hatte einfach keine Kraft dazu gehabt.

Nun aber rutscht sie trotz ihres Gipsbeins aufgeregt auf dem Bett herum.

„Prima!" sagt sie. Doch plötzlich wird sie wieder traurig. „Ich kann mir dein Geburtstagsgeschenk aber gar nicht anschauen. Ich schaffe es mit dem Gipsbein nicht mal bis zum Fenster. Und aufs Fensterbrett kann ich auch nicht klettern."

„Kein Problem!" sagt Helmut. „Ehrenwort!"

Und dann berät sich Helmut mit Elisabeths Eltern...

Abends steht er mit einem kleinen Handwagen vor der Haustür. Ein dickes Kissen liegt darin.

Elisabeths Vater hebt das Mädchen vorsichtig in den kleinen Handwagen.

„Klappt das mit den neuen Lichtern auch bestimmt?" fragt sie aufgeregt.

„Hundertprozentig!" Helmut ist ganz sicher. Er weiß das von seinem Vater. Der arbeitet im Kraftwerk.

„Und die alten Gaslaternen? Was wird aus denen?" fragt Elisabeth.

„Die brauchen wir nicht mehr. Wirst sehen, jetzt wird alles viel heller und schöner."

Elisabeth bedauert es aber doch ein bißchen, daß die Gaslaternen nicht mehr jeden Abend angezündet werden. Das war immer so schön, wie in dem Märchen, das ihr die Mutter einmal vorgelesen hatte.

Inzwischen war es dunkler geworden. Helmut nimmt die Deichsel auf und zieht den kleinen Handwagen ein Stück die Straße hinunter. Von da aus kann man fast alle neuen Leuchten sehen, denn die Straße ist schnurgerade und macht keinen Bogen. Und weil die neuen Leuchten noch nicht brennen, erzählt Helmut, was er von seinem Vater weiß:

39

„Für jede Straße und für jeden Platz gibt es eine Taste. In Sekundenschnelle gibt es in der ganzen Stadt Licht. Bei den Gaslaternen dauerte das ewig!" Helmut ist ganz stolz auf sein zweites Geburtstagsgeschenk.

In diesem Augenblick blitzen die Lichter der Straße das erste Mal auf. Prächtig sieht das aus, wie zwei Ketten mit funkelnden Diamanten rechts und links der Straße.

Elisabeths Augen glänzen mit ihren Geburtstagslichtern um die Wette: Der kleine Handwagen wird zur Geburtstagskutsche und Helmut zum mutigen Ritter, der Elisabeth von der Hexe mit dem riesigen Gipstopf befreit hat.

„Schneller!" ruft Elisabeth. „Schneller!"

Helmut rennt, bis ihm die Puste ausgeht. „Gefällt's dir?"

„Das ist wunderschön!" sagt Elisabeth. „Und du bist ein echter Freund, Helmut. Mein allerbester Freund."

Helmut wird vor Freude ganz rot. Aber das sieht Elisabeth nicht, weil sie ihre Geburtstagslichter anschaut.

„Wenn du willst, fahre ich dich jeden Abend, bis du wieder laufen kannst", verspricht er.

Und Elisabeths Lichter funkeln dazu.

Der Regenbogenfranz

Auf dem Marktplatz hat sich eine dicke Menschentraube um einen Mann gebildet. Mathias kann nicht sehen, warum die Leute stehenbleiben, und drängelt sich nach vorn durch.

„Vielleicht ist es ein Jongleur oder einer, der auf den Händen laufen kann", denkt er.

Als er endlich vorn in der ersten Reihe steht, ist er enttäuscht. Da macht ein alter Mann nur Seifenblasen. Aber alle schauen ihm zu: Kinder und Erwachsene, Frauen und Männer.

Der Mann sieht sehr seltsam aus. Seine Kleidung besteht fast nur aus bunten Flicken. Unter dem grünen Hut quellen weiße Löckchen hervor, und auf dem Hut wippt eine lange bunte Feder. Das Halstuch ist gelb wie eine Butterblume, die Schuhe aber sind orange und die Socken rotweiß kariert. Über der Schulter hat der Mann eine lila Schachtel hängen, unter deren Deckel ein Schmetterlingsnetz klemmt.

„Wer ist denn das?" fragt Mathias ein Mädchen, das neben ihm steht. „Den habe ich noch nie hier gesehen!"

„Das ist der Regenbogenfranz", antwortet das Mädchen. „Siehst du nicht, daß seine Seifenblasen in allen Regenbogenfarben schillern? Und seine Kleidung – alle Farben des..."

Was das Mädchen noch sagt, geht im allgemeinen „Oh!" und „Ah!" unter. Der alte Mann zaubert die schönsten Seifenblasen aus seinem Strohhalm heraus, die Mathias jemals gesehen hat. Sie fliegen in den Sommerhimmel wie buntschillernde Blumen.

Der Regenbogenfranz verzaubert die Menschen auf dem Marktplatz. Sie schauen seinen Seifenblasenspielen nach, die einmal wie Schneegestöber aussehen, dann wieder wie blühende Apfelbäume oder wie ein Vogelschwarm, der zu bunten Blättern wird.

Die Menschen, die ihm zusehen, sind auf einmal ganz fröhlich. Keiner hastet davon, alle haben plötzlich Zeit. Es ist, als ob mit den buntschillernden Seifenblasen ihre Sorgen davonfliegen würden. Eine Frau, die neben Mathias steht, wischt sich vor Rührung sogar eine Träne aus den Augenwinkeln.

„Das habe ich als Kind auch oft gemacht", sagt sie. „Aber wer spielt heute

41

noch mit Seifenblasen? Die Kinder wollen nur noch mit dem Computer spielen..."

Mathias überlegt, wann er das letzte Mal Seifenblasen über das Balkongeländer gepustet hat. Das war schon sehr lange her. Dabei machte es doch so viel Spaß, und man konnte richtig damit zaubern, so wie der Regenbogenfranz.

Jetzt fängt der Regenbogenfranz behutsam mit seinem Strohhalm die Seifenblasen wieder ein. Er zwinkert Mathias ein bißchen zu, dann klemmt er den Strohhalm unter das bunte Hutband und geht davon. Die Leute machen eine Gasse frei und schauen ihm nach. Als sie auseinandergehen, ist in ihren Augen noch ein bißchen von der Fröhlichkeit zurückgeblieben.

Auch Mathias macht sich auf den Heimweg. „Habe ich nur geträumt?" denkt er. „Wie kann einer mit ein paar Seifenblasen so viele Leute verzaubern?"

Da entdeckt er auf seinem Pulli eine winzige buntschillernde Seifenblase.

„Das ist ein Gruß vom Regenbogenfranz", denkt Mathias. Und er freut sich darüber.

Die vier Glühwürmchen

An einem Sommerabend im Juni darf Heike noch aufbleiben. In ihrem Zimmer ist es viel zu warm, und sie kann nicht einschlafen. Sie sitzt mit den Eltern auf dem Balkon. Es ist schon dunkel geworden. Heike kann von ihrem Balkonstuhl aus direkt in die Krone des Nußbaumes schauen. Das sieht ganz anders aus als tagsüber. Manchmal raschelt es in den Zweigen.

„Da sitzt sicher ein Vogel in seinem Nest, der auch vor Hitze nicht schlafen kann", denkt Heike. Sie steht auf und stellt sich an das Balkongeländer. Die Fliesen auf dem Boden sind noch ganz warm von der Sonne. Heike braucht nicht mal Hausschuhe anzuziehen. Und kein einziges kühlendes Lüftchen weht. Auch Wolken sind nicht am Nachthimmel. Heike kann den Mond und die Sterne ganz deutlich sehen.

Ihr Vater erklärt ihr die Sternbilder: den kleinen und den großen Bären, den Drachen, den Löwen und den Polarstern.

Plötzlich schweben vier kleine leuchtende Punkte ganz langsam am Nußbaum vorbei. Heike denkt, die Sterne sind zu ihr heruntergekommen. Sie ist ganz aufgeregt.

„Wie heißen die denn?" fragt sie.

Der Vater lacht ein bißchen, dann legt er den Finger an den Mund.

„Pst! Gleich erkläre ich es dir."

Die vier leuchtenden Punkte verschwinden langsam in der Dunkelheit. Heike hätte sie am liebsten aufgehalten. So nahe am Balkon sind sie vorbeigeschwebt!

„Das waren Glühwürmchen", sagt die Mutter. „Ich habe schon lange keine mehr gesehen. Die sind jetzt sehr selten geworden."

„Was ist das, ein Glühwürmchen?" Heike hat noch nie davon gehört.

„Das sind Weichkäfer mit Leuchtorganen. Früher gab es ganz viele davon. Die Weibchen können nicht fliegen. Man kann sie abends im Gras sitzen sehen . . ."

Heike hört gar nicht richtig zu, was der Vater zu den Glühwürmchen erklärt. Seit sie die vier kleinen Käfer vorüberschwe- ben sah, ist sie wie verzaubert. Die sind viel schöner als die Sterne, die so unend- lich weit entfernt sind.

„Vielleicht kommen sie wieder", denkt Heike. Oder es kommen noch mehr Glüh- würmchen vorbei. Am liebsten wäre sie in den Garten gelaufen und hätte im Gras nach den Glühwürmchenweibchen gesucht. Sie setzt sich wieder auf den Bal- konstuhl und wünscht sich einen gan- zen Schwarm der kleinen leuchtenden Punkte . . .

Dabei ist sie eingeschlafen. Am näch- sten Morgen hätte Heike schwören kön- nen, daß viele tausend Glühwürmchen an ihrem Bett vorbeigeschwebt sind.

„Sie kommen heute abend wieder!" hofft sie. „Ganz bestimmt kommen sie wieder."

Der Elefant im Kinderzimmer

„Hallo!" sagt Jumbo. „Da bin ich."

Er kitzelt Tim mit seinem langen Rüssel. Das ist ganz einfach, weil Tims Bett direkt am Fenster steht.

Tim muß niesen. „Wo kommst du denn jetzt her?" fragt er den Elefanten.

„Die Abendvorstellung ist aus. Sie bauen schon das Zelt ab. In ein paar Stunden geht's fort. Aber ich hab' den Rüssel davon voll. Alle drei Tage weiterziehen! Das mach' ich nicht mehr mit." Jumbo schnauft so kräftig, daß Tims Spielsachen auf dem Regal durcheinanderpurzeln.

Tim steht auf und setzt sich auf die breite Fensterbank. „Und was machen wir nun?" fragt er. „Sie werden dich suchen."

Jumbo wedelt aufgeregt mit seinen großen Ohren. Er legt neben Tim eine gelbe Blume auf das Fensterbrett. „Du hast heute nachmittag gesagt, daß du mein Freund bist. Stimmt das noch?"

„Natürlich stimmt das", bekräftigt Tim. „Seit du mit dem Zirkus in unsere Stadt gekommen bist, habe ich dich jeden Tag, so oft es ging, besucht. Ich bin dein bester Freund, ganz bestimmt."

46

„Schön", sagt Jumbo. „Dann hilf mir. Bitte, verstecke mich ein paar Tage."

Tim ist ratlos. „Wie soll man dich verstecken? Wenn du ein Hund oder eine Katze wärst – nichts einfacher als das."

Jumbo nimmt vorsichtig die gelbe Blume in seinen Rüssel. „Das ist die Blume unseres Zauberers. Wenn ich die gefressen habe, werde ich so klein wie ein Hund oder eine Katze sein."

Jumbo läßt die gelbe Blume in seinem Maul verschwinden. Und plötzlich wird er kleiner und kleiner: wie ein Pferd, wie ein Kalb, wie ein Bernhardinerhund.

„Toll!" ruft Tim begeistert. „Das reicht. Komm jetzt rein."

Schnell klettert Jumbo durch das Fenster. Er schrumpft sogar noch weiter. „Geht es so?" fragt er höflich.

„So geht es", nickt Tim. „Für ein paar Tage kann ich dich gut verstecken."

„Ich habe Hunger und Durst", klagt Jumbo. „Hast du was?"

Tim streichelt dem Schrumpf-Elefanten den Rüssel. „Bei mir sollst du immer satt werden, Jumbo."

Er geht in die Küche, stapelt auf einen Teller Brötchen und Obst und füllt auch ein Glas mit Milch. Damit schleicht er in sein Zimmer zurück. Es ist tiefe Nacht. Seine Eltern schlafen fest.

Als er die Tür zu seinem Zimmer öffnet, fallen ihm vor Schreck beinahe der Teller und das Milchglas aus der Hand. Jumbo ist wieder gewachsen. Er füllt schon fast das Kinderzimmer aus. Und er wächst und wächst!

„Halt!" ruft Tim. „Nicht größer werden. Wir müssen sonst das Haus einreißen, um dich aus dem Zimmer zu kriegen."

Für Jumbo ist das, was Tim auf den Teller gehäuft hat, nur ein winziger Bissen. Auch die Milch verschwindet mit einem einzigen Rüsselzug.

„Hast du noch was?" fragt Jumbo.

Tim holt alles, was er in der Küche finden kann: Brot, Kartoffeln, Obst, Gemüse und einen ganzen Eimer Wasser.

„Reicht das nun?"

„Es reicht nicht", klagt Jumbo. „Ich brauche mindestens viermal soviel, um einmal satt zu werden."

Tim ist verzweifelt. Einen so großen Elefanten kann man nicht im Zimmer verstecken, auch wenn er sein Freund ist.

Jumbo ist nachdenklich und traurig zugleich. „Ich hab' mir das nicht richtig überlegt", meint er. „Wenn ich immer hier im Zimmer bleiben muß, können mich die anderen Kinder nie mehr in meinem Zirkus besuchen. Keiner wird dann meine prima Zirkusnummer sehen ..."

Sie reden noch mindestens eine Stunde miteinander, aber es fällt ihnen keine Lösung ein.

Da steckt der Zauberer Schwuppdiwupp seinen Kopf durchs Fenster. „Hab' ich's mir doch gleich gedacht", sagt er. „Komm jetzt endlich, die Zelte sind schon verladen."

„Wie denn?" fragen Tim und Jumbo.

Statt einer Antwort zaubert der Zauberer Schwuppdiwupp vor ihren Augen im Nu eine blaue Blume, so groß wie ein Kuchenteller. „Friß das, aber beeil dich", befiehlt er Jumbo in barschem Ton.

Vor Tims Augen wird Jumbo kleiner und kleiner. Bald hat er auf des Zauberers Hand Platz.

„Besuch mich bitte, wenn wir mal wieder in die Stadt kommen", bittet Jumbo, und seine Stimme klingt ganz traurig. „Du bist ein echter Freund. Ich werde dich sehr vermissen."

Dann verschwindet der große Zauberer Schwuppdiwupp mit dem winzig kleinen Elefanten in der Dunkelheit.

Am nächsten Morgen öffnet Tims Mutter den Kühlschrank. Gähnende Leere.

„Du hast doch gestern schon wieder vergessen, Brot und Brötchen einzukaufen. Nicht einmal Käse und Milch sind da", schimpft sie.

„Ich hole gleich was", verspricht Tim.

Als er zur Bäckerei läuft, bleibt er eine Weile an der Litfaßsäule stehen. Auf dem Zirkusplakat ist ein Elefant abgebildet. Riesengroß.

Die Spaßräuber

Jana kritzelt mißmutig kleine Strichmännchen auf ihr Löschblatt. Sie langweilt sich und hat schlechte Laune. Wenn sie etwas anfängt, hat sie bald keine Lust mehr dazu. So war es mit dem Geschichtenlesen, mit dem Malen und auch mit dem Fernsehen.

„Das macht alles keinen Spaß", murmelt sie vor sich hin.

„Weil die Spaßräuber da waren!"

Jana schaut sich um. Wer hat denn hier geredet? Sie ist allein im Zimmer, und die Zimmertür hat sie hinter sich zugemacht, als sie sich endlich an ihre Schulaufgaben machen wollte. Aber dazu hat sie erst recht keine Lust.

„Spaßräuber?" fragt Jana. Sie will wissen, woher die Stimme kommt, und wartet auf eine Antwort.

„Jawohl, die Spaßräuber. Die treiben oft ihr Unwesen."

Jana staunt nicht schlecht, als sie endlich herausfindet, wer da redet: die Strichmännchen auf ihrem Löschblatt!

Nun ist sie neugierig geworden. Außerdem freut sie sich über die Abwechslung.

„Und wer seid ihr?" fragt sie.

„Ich bin Hix."

„Ich der Hax."

„Und ich bin der Hix-Hax." Die drei Strichmännchen auf Janas rosafarbenem Löschblatt verbeugen sich artig.

„Ich heiße Jana. Und was nun? Wie kriegen wir den Spaß wieder? Wißt ihr einen Rat?" Jana spürt schon, wie ein bißchen Spaß wiederkommt, aber das sagt sie den drei Strichmännchen nicht. Vielleicht wissen die etwas, das noch viel mehr Spaß zurückbringt.

Hix und Hax wissen nichts. Aber der Hix-Hax macht einen Vorschlag: „Wir müssen die Spaßräuber überlisten und so viel Spaß machen, daß sie ihn nicht mehr klauen können, weil es einfach zuviel ist."

„Wir müssen – hix – ihnen das Handwerk legen – hix . . ."

Jana muß lachen. Hix scheint zuviel getrunken zu haben.

„Das ist – hax – gar nicht so einfach – hax. Die Spaßräuber haben – hax – starke Verbündete – hax."

Jetzt muß Jana noch mehr lachen. Fehlt gerade noch, daß Hix-Hax auch noch hixt und haxt. Doch Hix-Hax achtet gar nicht auf den Schluckauf der beiden anderen.

„Die Verbündeten sind Langeweile, Ungeduld, Überdruß – und noch ein paar andere", erklärt er. „Zeichne noch mehr von uns auf dein Löschblatt, Jana. Mindestens zweihundertdreiunddreißig."

„So weit kann ich noch nicht zählen", sagt Jana. „Geht's nicht auch mit ein paar weniger . . ."

„Nein!" sagen Hix und Hax wie aus einem Mund – und ohne „hix" oder „hax".

„Male so viele du kannst. Es wird schon reichen." Hix-Hax scheint sich auch nicht ganz sicher zu sein, wie viele Strichmännchen zum Vertreiben der Spaßräuber nötig sind.

Jana malt und malt. Große und kleine, gerade und schiefe Strichmännchen.

„Reicht es jetzt?" fragt sie dann.

„Ich denke schon", meint Hix-Hax. „Denn zwei der Übeltäter haben wir schon verjagt: die Langeweile und die Ungeduld. Wer so viele Strichmännchen malt wie du ..."

Jana lacht wieder. „Soll ich alle Strichmännchen fragen, wie sie heißen?"

„Nein, hix – nein, hax", rufen Hix und Hax entsetzt. „Das – hix – dauert ja – hax – stundenlang!"

„Ich könnte euch ja auch stundenlang zuhören. Ihr seid nämlich ganz prima."

Bevor Hix, Hax und Hix-Hax antworten können, kommt Janas Bruder ins Zimmer.

„Mit wem hast du denn geredet?" will er wissen. Jana behält ihr Geheimnis für sich. Könnte ja sein, die Spaßräuber kämen noch mal zu ihr. Aber mit Hix, Hax und Hix-Hax könnten die ihr nicht mehr die gute Laune klauen.

Jana steckt das Löschblatt zwischen die Seiten ihres Rechenheftes. Vielleicht sind die drei Strichmännchen noch zu ganz anderen Spielen zu gebrauchen. Und vielleicht lernt sie in der Schule bald, bis zweihundertdreiunddreißig zu zählen. Aber wer sollte sich merken, wie die alle heißen!

Die kichernden Weihnachtsengel

Wer zuerst auf den Gedanken mit dem Hund gekommen war, konnte später keiner mehr sagen. Jedenfalls sollte diesmal alles so echt wie möglich beim Krippenspiel sein.

Jeder wollte etwas mitbringen, damit das Kind in der Krippe auch viele Geschenke bekam. Dafür wurden zwei große Körbe bereitgestellt. Einer für Süßigkeiten und einer für Würstchen, belegte Brötchen, Salzgebäck und andere herzhafte Sachen. Die Leckereien sollte es bei der anschließenden Weihnachtsparty im Pfarrheim geben.

Das wichtigste aber war für die Teilnehmer am Krippenspiel ihre eigene Ausstattung, und die sollte ganz echt aussehen.

Die Vorschläge nahmen kein Ende. Die Heiligen Drei Könige wollten echten Weihrauch, Maria eine große Babypuppe, Josef einen langen Bart, und die Hirten bestanden eben auf einem lebendigen Hund.

Pfarrer Leuthold war skeptisch. Ein Hund in der Kirche! Ob das wirklich gutging?

Florian beteuerte immer wieder: „Mein Harras folgt aufs Wort! Er geht bei Fuß, und wenn ich es ihm befehle, sitzt er stundenlang auf einem Fleck."

„Aber du bist Engel, Florian, kein Hirte!" wandten die anderen Kinder ein. „Wird er den Hirten auch gehorchen?"

„Bestimmt!" versicherte Florian nachdrücklich. Seine Rolle als Engel wollte er nämlich auf keinen Fall aufs Spiel setzen.

Am Nachmittag, als das Krippenspiel stattfand, ging zuerst auch alles gut. Die beiden Körbe füllten sich mit Süßigkeiten, mit vielen Würstchen und anderen Leckereien. Das würde bestimmt eine tolle Weihnachtsparty werden! Den Kindern lief schon das Wasser im Munde zusammen, wenn sie daran dachten.

Harras benahm sich am Anfang sehr manierlich. Während die Engel sangen und die Heiligen Drei Könige auftraten,

achteten die Hirten aber zu wenig auf ihren vierbeinigen Mitspieler.

Plötzlich geriet der Engelsgesang durcheinander. Die Engel schubsten einander und begannen zu kichern. Nur Florian war nicht zum Lachen zumute. Was er sah, trieb ihm den Schweiß auf die Stirn.

Sein Hund hatte nämlich vergessen, daß er ein braver Hirtenhund sein sollte, und sich aus dem Würstekorb bedient. Genüßlich ließ er eine Wurst nach der anderen in seinem Maul verschwinden.

Die Engel kicherten immer vernehmbarer und stießen sich gegenseitig fast vom Podest. Das wurde dem Engel Florian nun doch zu bunt. Er stieg herab aus dem mit Wolken verzierten Podesthimmel, stellte seinen Stab mit dem Stern an einer Wand ab und zog den Hirtenhund vom Wurstkorb weg. Unter dem Gelächter der Zuschauer mußte Harras mit in den Himmel. Dann ging das Krippenspiel weiter. Die Engel jubilierten wieder, die Hirten und die Heiligen Drei Könige knieten vor der Krippe, nur Josef brummte verärgert in seinen langen Bart hinein: „Warum mußte der Hund bloß echt sein? Der frißt uns noch alle Würste weg."

Maria aber flüsterte sanft: „Für dich wird's schon noch reichen, Dicker."

Freund Sonnenstrahl

Lucie spielte am liebsten mit ihrem Teddy Jux. Das machte Spaß, und sie langweilte sich nie.

Einmal war Jux stark erkältet. Lucie legte ihrem kranken Teddy einen feuchten Wickel um den Hals. Da setzte sich ein Sonnenstrahl auf das Kissen.

„Darf ich mitspielen?" fragte er.

„Warum nicht", sagte Lucie. Sie war gar nicht erstaunt darüber, daß der Sonnenstrahl plötzlich mit ihr redete.

„Was kannst du denn? Kannst du Jux wieder gesund machen?"

„Klar, kann ich!" sagte der Sonnenstrahl und wanderte vom Kissen zur Nasenspitze des Teddybären. Der mußte lachen, weil ihn der Sonnenstrahl kitzelte.

„Siehst du, er wird gleich gesund sein."

„So schnell sollte es aber nicht gehen", meinte Lucie. „Erst muß noch der Halswickel wirken."

„Krank sein ist kein schönes Spiel", sagte der Sonnenstrahl. „Wir könnten lieber Sachen raten..."

„Wie geht das?" fragte Lucie. Sie war neugierig, wie der Sonnenstrahl das Ratespiel machen wollte.

„Ich setze mich auf etwas, und du mußt raten, was dazu paßt. Wenn ich mich auf den Tisch setze, dann mußt du..."

„Stuhl!" sagte Lucie. „Und wenn ich Tür sage, dann..."

„...setze ich mich aufs Fenster."

Das Ratespiel machte beiden viel Spaß. Und auch Jux brummte zufrieden. Zum Schuh paßte der Fuß, zum Bild die Wand, zu den Blumen die Vase und zum Teddy der Halswickel.

„Mit dir kann man prima spielen." Lucie freute sich. „Das ist wirklich nicht langweilig."

„Aber ich muß nun leider gehen. Die Sonne wandert über den Himmel. Und wenn sie abends untergeht, dann kann ich nicht bei dir bleiben. Darf ich morgen wiederkommen?"

„Du kannst jeden Tag wiederkommen. Ich werde immer auf dich warten, Sonnenstrahl."

Aber am nächsten Tag warteten Lucie und Teddy Jux vergeblich auf ihren neuen Freund. Dicke Regenwolken verdüsterten den Himmel. Und auch am übernächsten Tag regnete es. Nicht ein einziges Wolkenloch war da, das den Sonnenstrahl hindurchgelassen hätte. Lucie war traurig, und selbst der Teddy Jux war nörgelig. Er behauptete, daß er ohne den Sonnenstrahl, der ihn zum Lachen gebracht hatte, nie mehr gesund werden würde. Lucie versorgte den Teddy wieder mit Halswickeln und gab ihm ein riesengroßes Taschentuch.

Dann setzte sie sich an ihren kleinen Tisch, der vor dem Fenster stand, und wartete auf ihren Freund Sonnenstrahl. Und weil das Warten sonst zu eintönig geworden wäre, nahm Lucie ein großes Blatt aus ihrem Zeichenblock und malte

eine gelbe Sonne mit vielen Strahlen. Einen aber malte sie besonders schön. Der zeigte geradewegs zu ihrem Fenster, fast so wie der echte Sonnenstrahl.

„Was spielen wir denn heute, Lucie?" fragte der gemalte Sonnenstrahl.

„Zuerst mußt du meinen Teddy Jux kitzeln", sagte Lucie. „Und dann spielen wir Wolken vertreiben."

„In Ordnung! Wolken vertreiben mag ich besonders gern. Aber am liebsten schaue ich mir deine Zeichnungen an, Lucie. Weil du immer so schöne Blumen malst und – mich."

Lucie freute sich, daß dem Sonnenstrahl ihre Zeichnungen gefielen. Sie nahm sich vor, ihren Freund so oft es ging auf ihren Zeichnungen unterzubringen. Und gleich morgen wollte sie einen dicken gelben Malstift kaufen.

Karlchen ist weg

Eines Abends holt der Nachtvogel den Sandmann Willi noch einmal in die Buchenstraße.

„Da schläft ein Kind noch nicht", sagt er vorwurfsvoll. „Sieh bitte nach. Vielleicht hast du zu wenig Traumsand gestreut." Kopfschüttelnd macht sich Sandmann Willi noch einmal auf den Weg. Eine solche Nachlässigkeit kann er sich überhaupt nicht erklären. Schließlich nimmt er seine Arbeit sehr genau. Er kennt das gelbe Eckhaus, und er weiß auch, welche Kinder dort wohnen.

„Wer könnte noch wach sein?" überlegt er. „Vielleicht hat eines der Kinder nur einen schlechten Traum gehabt."

Aber der Nachtvogel hatte recht. Die kleine Marlies aus der Wohnung im ersten Stock schläft immer noch nicht. Sie dreht sich von einer Seite auf die andere und stöhnt so sehr, daß dem Sandmann Willi angst und bange wird, sie könnte krank geworden sein.

Ganz gegen seine sonstige Gewohnheit zeigt er sich ihr. „Hallo, Marlies", sagt er. „Ich bin der Sandmann Willi. Warum schläfst du denn noch nicht? Kann ich dir helfen?"

Marlies ist einigermaßen erstaunt, so plötzlich einen kleinen Wichtelmann neben ihrem Bett zu sehen. „Du kannst mir nicht helfen", schluchzt sie. In ihren Augen glitzern Tränen.

Sandmann Willi zieht sein buntkariertes Traumtaschentuch aus der Hosenta-

sche und wischt Marlies damit die Tränen vom Gesicht. „Ist es denn so schlimm?" fragt er.

„Sehr schlimm", antwortet Marlies. „Ich war feige. Nun ist das Kaninchen weg, und die Blumen von Frau Webersinke sind niedergetrampelt. Und Kerstin hat Hausarrest."

Sandmann Willi steckt nachdenklich sein Traumtaschentuch wieder ein. „Du hast ein schlechtes Gewissen. Kein Wunder, daß du nicht einschlafen kannst", sagt er. „Wenn ich dir helfen soll, mußt du mir alles genau erzählen – aber nicht schwindeln!"

Marlies zieht die Bettdecke bis ans Kinn. „Ich bin ja froh, daß ich es jemandem erzählen kann", jammert sie. „Morgen bringe ich bestimmt alles wieder in Ordnung. Wenn ich nur wüßte, wo sich Karlchen versteckt hat…"

Und dann erzählt Marlies dem Sandmann der Reihe nach, was passiert ist: „Meine beste Freundin Kerstin hat heute das Kaninchen Karlchen mit in den Garten genommen. Karlchen frißt so gerne saftige Löwenzahnblätter. Aber Karlchen frißt auch gerne Blumen. Und weil Kerstin noch einkaufen gehen mußte, hat sie mich gebeten: ‚Paß mal ein bißchen auf unser Karlchen auf. Laß ihn aber auf keinen Fall zu nahe an Frau Webersinkes Blumen heran.'

Ich habe mich dann unter die Kastanie gesetzt und Karlchen zugeschaut. Der ist von Löwenzahn zu Löwenzahn gehoppelt und hat friedlich daran herumgeknabbert. Kerstin ist lange weggeblieben, und ich habe mich schrecklich gelangweilt. Aber ich hatte ein Buch dabei und habe mir die bunten Bilder angeschaut. An Karlchen dachte ich gar nicht mehr.

Plötzlich schrillte Frau Webersinkes lautes Geschrei durch den Garten. ‚Das ist doch nicht zu glauben! Das Kaninchen frißt ja meine schönsten Blumen ab. Oje, oje! Alles hat das Biest zertrampelt und schon die allerschönsten Blumen gefressen!'

Erschrocken habe ich aufgeschaut. Was ich sah, war wirklich schlimm. Das Blumenbeet von Frau Webersinke war in einem erbärmlichen Zustand.

Niedergetreten und abgeknickt lagen die schönen Blumen auf der Erde. Viele waren abgeknabbert. Die Stiele standen ohne Blüte da.

Frau Webersinke hatte Karlchen am Nacken gepackt und hielt ihn mit der rechten Hand weit von sich gestreckt. Sie

zeterte unentwegt. Und Karlchen zappelte nicht mal.

‚Gehört das Karnickel dir?' wollte sie wissen.

‚Nein', sagte ich. ‚Es gehört der Kerstin.'

‚Und wo ist die Kerstin?' fragte Frau Webersinke drohend. Endlich ließ sie das Kaninchen frei, und Karlchen hoppelte eilig davon.

‚Kerstin mußte einkaufen', antwortete ich.

‚Und da läßt sie das Untier einfach in meinem Blumenbeet spazierengehen und alles vernichten. Das wird Folgen haben!'

Natürlich hat Frau Webersinke sofort alles Kerstins Mutter erzählt."

„Aber warum hast du denn nicht gesagt, daß *du* auf Karlchen aufpassen solltest?" will Sandmann Willi wissen, als Marlies ihre Geschichte zu Ende erzählt hat.

„Ich hab' mich nicht getraut. Ich bin einfach davongelaufen. Und ich habe Kerstin auch nicht geholfen, Karlchen zu suchen. Jetzt wird Karlchen sicherlich frieren und Angst haben." Marlies ist ganz verzweifelt.

„Und was nun?" fragt der Sandmann leise.

Marlies verspricht, Kerstins Mutter zu sagen, daß sie auf Karlchen aufpassen sollte. „Ich werde Kerstin auch helfen, Frau Webersinkes Blumen zu gießen, damit sie wieder schön gerade stehen – wenn sie mich überhaupt noch als Freundin will . . ."

„Na ja", sagt Sandmann Willi und lächelt. „Wenn du dein Versprechen hältst, dann werde ich deiner Freundin heute nacht einen ganz besonders schönen Traum spendieren, damit sie dir nicht gar so böse ist."

Er pustet ein bißchen Traumsand von der allerbesten Sorte in die Augen von Marlies, dann schaut er auch bei Kerstin ins Kinderzimmer.

Und die beiden Mädchen träumen in dieser Nacht den gleichen Traum: Karlchen sitzt unter den Johannisbeersträuchern und hat sich ein weiches, warmes Nest gemacht.

Die Zirkusprinzessin

Gleich am ersten Nachmittag nach der Premiere durfte Karin in die Zirkusvorstellung gehen. Am besten gefiel ihr ein Mädchen, das auf einem Pferd in die Manege ritt.

„Wer ist das?" fragte Karin aufgeregt ihre Mutter, die im Programm blätterte.

„Das ist Ramona. Sie tritt noch in anderen Nummern auf."

Karin bewunderte das Mädchen, das in einem kurzen Tüllkleidchen auf dem Rücken des Pferdes ihre Kunststücke zeigte. Später war Ramona dann dabei, als die Clownsnummer vorgeführt wurde. Und bei den Jongleuren wirkte sie auch mit.

Karin wäre am liebsten noch in die Abendvorstellung gegangen. Aber ihre Mutter lachte nur.

„Du willst wohl noch mal deine Zirkusprinzessin bewundern? Ja, es ist schon toll, was das Mädchen kann. Sie ist bestimmt nicht viel älter als du."

Das hörte Karin nicht so gerne. Die Mutter zog sie manchmal auf, weil sie sich beim Radfahren so ungeschickt anstellte. Aber das war ja auch etwas ganz anderes.

Noch abends im Bett konnte Karin ihre Gedanken nicht von dem Mädchen losreißen, das in ihren Augen eine Prinzessin war, eine Zirkusprinzessin.

Am nächsten Tag in der Schule erlebte sie eine große Überraschung. In der zweiten Stunde, sie hatten gerade Zeichnen, kam der Schuldirektor mit einem Mädchen in die Klasse.

„Ich bringe euch Ramona", sagte er. „Sie wird ein paar Tage bei uns zur Schule gehen, bevor sie mit dem Zirkus weiterreist."

Karin erschien es wie ein Wunder, daß der Platz neben ihr gerade frei war und Ramona sich neben sie setzte.

„Hallo", sagte die Zirkusprinzessin leise. „Was malst du denn gerade?"

„Das soll eine Wiese werden. Mit vielen bunten Blumen drauf."

„Prima. Das versuche ich auch gleich." Ramona holte aus ihrer Schultasche einen Zeichenblock und Buntstifte. Dann begann sie eine Blumenwiese zu zeichnen. Es war so, als hätte sie schon immer neben Karin gesessen.

Karin konnte das Ende der Stunde kaum erwarten. Ihre Zeichnung war nicht besonders gut geworden. Mit einem Blick konnte sie aber erkennen, daß Ramonas Blumenwiese auch kein Meisterstück war.

„Auf dem Pferd bist du viel besser", sagte sie zu Ramona. „Und auch bei den Clowns..."

„Du warst schon im Zirkus?"

„Klar. Gleich gestern nachmittag. Du bist wirklich Spitze. Ist dein Vater der Direktor vom Zirkus?"

Darauf konnte Ramona nicht mehr antworten, denn die anderen aus der Klasse umringten sie. Alle wollten Fragen beantwortet haben.

Karin war ganz stolz darauf, daß sie Ramona schon in der Manege gesehen hatte. Sie nahm sich vor, am Nachmittag wieder in den Zirkus zu gehen. In ihrer Sparbüchse war bestimmt noch so viel drin, daß sie den Eintritt bezahlen konnte.

Auf dem Nachhauseweg begleitete sie Ramona ein Stück.

„Ich lade dich ein", sagte Ramona. „Wenn du Lust hast, komm heute in die Nachmittagsvorstellung. Und wenn ich fertig bin, zeige ich dir die Tiere. Frag nur nach mir, dann brauchst du keinen Eintritt zu bezahlen."

Karin war glücklich. Natürlich wollte sie kommen. Sie war schon eine halbe Stunde vor Beginn auf dem Platz, wo das große Zirkuszelt und die vielen Wagen aufgestellt waren. Zu der Frau, die an der Kasse saß, sagte sie: „Ich bin eingeladen worden. Von Ramona, der Tochter vom..."

„Ach ja", sagte die Frau. „Von der Tochter unseres Clowns. Ich weiß schon Bescheid."

Clown? Karin schluckte ihre Enttäuschung hinunter. Sie hatte geglaubt, Ramona sei die Tochter des Direktors. Ein Mädchen, das aussah wie eine Prinzessin, konnte doch unmöglich einen Clown zum Vater haben!

Doch dann begann die Vorstellung, und Karin hatte überhaupt keine Zeit mehr, über ihre Enttäuschung nachzudenken. Ramona winkte ihr zu, als sie in die Manege ritt. Und bei der Clownsnummer versuchte Karin, unter der Schminke das Gesicht von Ramonas Vater zu erkennen. Es war wirklich toll, was er alles vorführte. Am besten aber gefiel es Karin, wenn Ramona dabei war.

Nach der Vorstellung liefen die beiden Mädchen zu den Tieren, und Ramona erzählte, daß sie später einmal am Trapez arbeiten wollte.

„Und ich kann noch nicht mal richtig radfahren", dachte Karin.

Dann saßen sie im Zirkuswagen und tranken Limo.

„Ich wußte gar nicht, daß Zirkusprinzessinnen auch in die Schule gehen müssen", sagte Karin.

„O ja!" seufzte Ramona. „Und immer in einer anderen Stadt. Aber im Winterquar-

tier sind wir länger. Da muß ich dann viel nachholen."

Karin zögerte ein bißchen, dann sagte sie: „Ich dachte, du wärst die Tochter vom Direktor."

„Wieso denn?" fragte Ramona verwundert.

„Ach – nur so. Oder vielleicht deshalb, weil du so..." Karin fing an zu stottern.

Doch sie brauchte nichts weiter zu sagen, denn in diesem Augenblick kam Ramonas Vater herein. Er lachte verschmitzt und sagte: „Du warst heute besonders gut, Prinzessin. Ist das deine neue Freundin?" Der Clownvater machte eine tiefe Verbeugung vor Karin. Karin wurde rot. Aber sie fand, einen Clown zum Vater zu haben war eigentlich ganz prima.

Tanjas Steine

So ein Streit zwischen Freundinnen kann einen schon ganz schön traurig machen. Tanja hätte viel darum gegeben, wenn Rosi zu ihr gekommen wäre und gesagt hätte: „Vergessen wir den Streit. Ich entschuldige mich, kommt nicht wieder vor."

Aber Rosi kam nicht. Sie ließ sich nun schon drei Tage lang nicht mehr sehen. Und Tanja dachte sehr viel darüber nach, ob sie nicht auch manchmal ein bißchen schuld an dem Streit gehabt hat.

„Ihr seid zwei Dickköpfe", meinte Tanjas Oma. „Keiner von euch will nachgeben. Findest du das richtig?"

„Sie könnte ja auch nachgeben", maulte Tanja. „Sie ist mindestens genauso schuld wie ich."

„Weshalb habt ihr euch denn eigentlich gestritten?" fragte die Oma. „So schlimm kann das doch nicht gewesen sein."

Darauf gab Tanja keine Antwort. Nein, es war wirklich nicht der Rede wert, weshalb Rosi davongelaufen war. Aber in den letzten Wochen gab es öfter Streit wegen Kleinigkeiten. Nun war es eben zuviel auf einmal geworden.

Das erzählte Tanja ihrer Oma. Die nickte nur. So etwas hatte sie sich auch schon gedacht.

„Da müssen wir uns etwas ausdenken, um diese Ärgernisse aus dem Weg zu schaffen", sagte sie.

„Geht denn das?" Tanja zweifelte sehr daran. Den ersten Schritt wollte sie auf keinen Fall tun. Vielleicht lachte Rosi dann schadenfroh, und alles wurde noch schlimmer.

„Laß mich nur in Ruhe nachdenken", sagte Tanjas Oma. „Ich bin sicher, daß es etwas gibt, womit ich eure Freundschaft wiederherstellen kann."

Am nächsten Tag stand ein Henkelkorb mit Kieselsteinen im Hausflur.

„Für wen sind die?" fragte Tanja.

„Für Rosi und für dich. Ich habe deine Freundin gefragt, ob sie am Nachmittag zum Fluß kommen will. Und dich frage ich auch. Hast du Lust, dich mit Rosi zu versöhnen?"

„Klar", sagte Tanja. „Streiten ist dumm. Man muß auch mal wieder damit aufhören können..."

„Aber erst müßt ihr euch sagen, was euch am anderen gestört hat, worüber ihr gekränkt wart oder was der andere falsch gemacht hat. Sonst schleppt ihr alles wie einen Rucksack mit euch herum – und dann ist der nächste Streit bald wieder da."

Tanja nickte nur. Ja, das hatte sie sich auch schon gedacht. Aber es war eben gar nicht so einfach, zu Rosi zu sagen: Das und das hat mich geärgert.

Das und das – was war das denn nur? Tanja hatte Mühe, sich an alles zu erinnern. Ihre Oma aber bestand darauf, daß Tanja genau sagen konnte, was sie Rosi vorwarf.

Nachmittags um halb drei gingen Tanja und ihre Oma zum Fluß. Den Henkelkorb mit den Kieselsteinen trugen sie gemeinsam. Als sie in den Uferweg einbogen, sahen sie Rosi. Sie lief auf das alte Boot zu, wo Tanja und sie sich immer getroffen hatten.

Erst als Tanja und ihre Oma am Boot angekommen waren, drehte sich Rosi langsam zu ihnen um. Tanja sah sofort, daß sie geheult hatte, denn ihre Augen

waren ein bißchen verschwollen. Am liebsten hätte sie auch losgeheult. Jetzt erst spürte sie, wie sehr ihr Rosi gefehlt hatte.

„Na, dann fangen wir mal an!" sagte Tanjas Oma, als die beiden sich nur kurz zunickten. Sie stellte den Steinekorb zwischen die beiden Mädchen. Dann nahm sie ein Markstück und fragte: „Zahl oder Adler?"

„Zahl!" sagte Tanja schnell.

„Adler!" Rosi hatte zu lange gezögert.

Tanjas Oma warf das Markstück auf den Uferweg.

„Adler! Du fängst an, Rosi."

„Womit?"

„Ihr nehmt abwechselnd jeder einen Stein aus dem Korb und werft ihn in den Fluß. Dabei ruft ihr laut, was euch am anderen nicht gefällt. Und mit dem Stein versinkt der Vorwurf im Fluß. Aber ihr müßt alles laut und deutlich rufen, das ist die Bedingung."

Zögernd nahm Rosi einen Stein aus dem Korb. Sie holte weit aus, als sie den Kieselstein in den Fluß warf, und rief dabei: „Sie soll nicht immer den anderen erzählen, was sie besser kann als ich!"

Schnell flog Tanjas Stein mit Schwung hinterher.

„Sie hat mich angeschwindelt, als sie mal keine Lust hatte, mit mir zu spielen!"

„Sie hat auf mein Diktatheft Fettflecken gemacht!"

„Sie lacht mich aus, weil ich Angst habe, wenn es dunkel ist..."

So ging das eine ganze Weile hin und

her. Dann merkten die beiden Mädchen, daß das Steinewerfen Spaß machte – auch ohne die gegenseitigen Vorwürfe. Die waren ihnen längst ausgegangen. Es waren sowieso nur Kleinigkeiten gewesen.

„Du kannst weiter werfen als ich", sagte Rosi anerkennend.

„Aber deine Steine springen auf dem Wasser."

„Das hat mir mein Papa beigebracht. Schau, ich zeig' dir, wie man das macht."

Tanja übte mit Rosi, bis ihre Steine auch auf dem Wasser springen konnten. Sie merkten gar nicht, daß Tanjas Oma lächelnd davonging.

Der kleine Drache Zweiköpfchen

Normalerweise haben Drachen sieben Köpfe. Was sich aber da aus dem Drachenei herausschälte, setzte nicht nur die Drachenmutter in Erstaunen. Der Drachenvater fragte streng: „Hast du das Ei auch immer warm gehalten? Bei diesem Drachenjungen fehlen doch glatt fünf Köpfe!"

„Ich habe ordnungsgemäß gebrütet!" verteidigte sich die Drachenmutter. Aber auch sie zählte nur zwei Köpfe bei dem kleinen Drachen, der aus den Eierschalen kroch. Eins – zwei – nein, es wurden weder drei noch vier oder gar sieben Köpfe, wie sich das gehörte.

„Der Kleine ist 'ne Mißgeburt!"
Wer das zuerst gesagt hatte, wußte

später keiner mehr. Jedenfalls versammelte sich der ganze Drachenclan um den kleinen Drachen, der sich ängstlich unter dem Bauch seiner Mutter versteckte.

Alle hatten sie sieben Köpfe. Das gehörte sich so, wenn man ordentlich Feuer speien wollte. Wie sollten sie sich sonst verteidigen, wenn solche Leute wie der Siegfried kamen, um sie zu töten, weil Drachenblut angeblich unverwundbar machte. Großvater Drache wußte es genau: „Man muß den Menschen Angst einjagen, dann konnte man tausend Jahre alt werden! Mindestens."

Aber der kleine Drache, der da so unvollständig aus seinem Ei gekrochen

war, würde keinen einzigen Menschen zum Davonlaufen bringen. Zwei Köpfe nur! Wo gab's denn so was!

Die Drachenmutter aber liebte ihr Drachenkind sehr, auch wenn es nur zwei Köpfe hatte.

„Einen hat er zum Lachen und einen zum Weinen, mit einem kann er ja sagen und mit dem anderen nein, mit einem kann er...“

„Hör auf!“ sagte der Drachenvater. „Davon werden es auch nicht sieben. Der Kleine bleibt ein Zweikopf.“

Da kullerten der Drachenmutter dicke Tränen aus den Augen. Sie konnte doch nur alle hundert Jahre ein Ei legen. Ihre anderen Drachenkinder waren längst erwachsen. Manche hatten selbst schon Dracheneier gelegt und ordentliche Siebenköpfe ausgebrütet. Was war hier nur schiefgegangen?

Trotzdem liebte die Drachenmutter ihr Zweiköpfchen besonders.

„Er braucht meinen Schutz und meine Hilfe“, dachte sie immer wieder. „Und sieht er nicht trotzdem schön aus? Ich finde, er ist sogar außerordentlich schön!“

Der kleine Drache Zweiköpfchen wuchs heran. Ihn störte es nicht, daß er anders aussah als seine Brüder und Schwestern, Onkel und Tanten. Und schließlich gewöhnten sich alle an ihn, weil er ein so freundlicher und hilfsbereiter Drache war. Nur beim Feuerblasen stellte er sich schrecklich ungeschickt an.

Einmal flog der kleine Drache sehr weit. Fliegen konnte er nämlich besonders gut, weil ihn die Last der Köpfe nicht

so zur Erde zog wie die anderen. Er landete weitab vom Drachenhorst in einem Tal auf einer Blumenwiese. Durch das Tal floß ein kleiner Bach, und der kleine Drache beschloß zu baden. Es gefiel ihm, mit dem Schwanz das Wasser zu peitschen, daß es nur so spritzte.

„He, jag mir nicht die Fische davon!“

Erschrocken steckte Zweiköpfchen beide Köpfe unter das Wasser. Nach einer Weile hob er vorsichtig einen Kopf, um zu sehen, wer da gerufen hatte. War das etwa ein Mensch? Einer, der Drachen tötete, um unverwundbar zu werden?

„Kannst ruhig rauskommen. Ich tu dir nichts...“

Vorsichtig reckte der kleine Drache auch seinen zweiten Kopf aus dem Wasser. Vor Erstaunen vergaß er seine Angst. Der da auf der Uferböschung saß, hatte nur *einen* Kopf. Seine Mutter mußte doch glattweg verzweifelt sein!

„Wo sind denn deine anderen Köpfe?“ fragte Zweiköpfchen.

Der Junge lachte. „Wozu brauche ich noch mehr Köpfe? Hauptsache, ich habe einen, wie alle Menschen, mit dem ich gut denken kann. Komm raus jetzt, du vergraulst mir sonst die Fische.“

Es dauerte gar nicht lange, und die beiden waren die besten Freunde. Zweiköpfchen blies seinem Menschenfreund ein kleines Feuer an, sie brieten Fische und verspeisten sie gemeinsam.

„Hast du keine Angst vor mir?“ wollte Zweikopf wissen. „Ich bin doch ein Drache.“

„Na und? Die Zeiten sind doch längst vorbei. Schau mal dort – das ist ein Flugzeug. Da sitzen Menschen drin und fliegen damit durch die Luft. Früher einmal, aber das ist nun auch schon wieder sehr lange her, haben die Menschen aus den Flugzeugen Bomben auf die Erde geworfen. Da brannten die Häuser, und die Menschen starben. Aber das war vor langer, langer Zeit. Heute tut das niemand mehr. Die Menschen sind friedlich geworden."

Der kleine Drache Zweiköpfchen wurde sehr nachdenklich. „Und ihr tötet auch wirklich keine Drachen mehr?"

„Nein. Wozu denn?"

„Dann braucht doch auch kein Drache sieben Köpfe", dachte Zweiköpfchen. „Da sind ja zwei schon fast zuviel."

„Darf ich morgen wieder zu dir kommen?" fragte er den Jungen, der sich auf der Blumenwiese ausgestreckt hatte und in den Himmel schaute. „Ich möchte nämlich noch viel von den Menschen erfahren, die nur einen Kopf haben."

Natürlich wollte der Menschenjunge Zweiköpfchen wiedersehen. Er schaute dem kleinen Drachen nach, als er davonflog, und freute sich auf den nächsten Tag mit ihm.

Der Kalendermann

„Ich hab' nie Urlaub", klagt der Kalendermann. „Es soll am Meer so schön sein. Aber ich wäre auch mit dem Gebirge zufrieden. Wenn ich bloß mal weg könnte."

„Du mußt dir eine Urlaubsvertretung suchen", schlägt Franziska vor. „Das macht mein Papa auch immer so."

Nachdenklich schiebt der Kalendermann seine Nickelbrille auf dem Nasenrücken hin und her. „Wer will schon Kalendermann sein? Alle wollen doch nur noch mit dem Computer rechnen."

Franziska weiß auch keinen Rat. „Darfst du dich nie verrechnen?"

„Nie", sagt der Kalendermann. „Wenn ich mich auch nur um einen einzigen Tag verrechne, haben alle Leute einen Tag zu früh oder zu spät Geburtstag."

Franziska erschrickt. „Hoffentlich hast du dich heute nicht verrechnet. Ich habe nämlich morgen Geburtstag. Bist du sicher, daß in deiner Rechnung auch wirklich alles stimmt?"

„Ganz sicher." Der Kalendermann rechnet aber vorsichtshalber noch einmal auf seinem Taschenrechner nach.

Franziska ist beruhigt. Nein, da kann nichts mehr schiefgehen. Morgen wird ihr Geburtstag sein. Sie will ganz früh aufstehen, damit sie viel Zeit zum Feiern hat.

„Ich werde dir helfen", sagt sie.

„Kannst du auch schon bis einunddreißig zählen? Und weißt du vielleicht auch, wie viele Tage die Woche hat und wie viele Monate das Jahr?" will der Kalendermann nun von Franziska wissen.

„Ich kann sogar bis hundert zählen. Das Jahr hat zwölf Monate, und die Woche hat sieben Tage." Franziska ist stolz auf ihr Wissen.

„Prüfung bestanden", lobt der Kalendermann. „Komm, ich zeige dir mein Kalendermannhaus."

So schnell möchte Franziska nun doch nicht helfen. „Heute noch nicht", will sie sagen. „Und morgen auch nicht, da will ich meinen Geburtstag feiern." Doch ihr Mund bleibt stumm.

Der Kalendermann will aber keine Zeit verlieren. Er nimmt Franziska einfach bei der Hand und läuft mit ihr durch die Stadt.

„Anhalten!" will Franziska schreien, aber sie kriegt kein Wort heraus.

Erst vor einem schmalen Altstadthäuschen bleibt der Kalendermann stehen. Er drückt Franziska einen großen Haustürschlüssel in die Hand und sagt zu ihr: „In zwei Wochen bin ich wieder da. Wer so gut rechnen kann wie du, für den ist ja das Kalendermachen gar nicht so schwierig."

„Nein!" will Franziska schreien. „Ich habe jetzt keine Zeit. Morgen ist doch mein Geburtstag." Aber sie kriegt wieder keinen einzigen Ton heraus. Den Kalendermann scheint die dunkle Gasse verschluckt zu haben. Franziska fürchtet

71

sich in der Dunkelheit. Deshalb schließt sie schnell die Haustür auf und tastet im Flur nach dem Lichtschalter. Dann geht sie durch die niedrigen Zimmer und sieht sich in dem geheimnisvollen Haus um. Auf einem großen Tisch entdeckt sie die Jahreszahlen, die Monate und die Wochentage. Aber alle sind durcheinandergeraten.

„Oje!" denkt Franziska. „Der Kalendermann hätte mir wenigstens den Taschenrechner dalassen können."

„Willst du das etwa in Ordnung bringen?"

Franziska erschrickt, als plötzlich eine altmodische Schultafel auf ihrem dreibeinigen Gestell auf sie zukommt. Der tropfnasse Schwamm baumelt an einem Bindfaden. Und auch die Kreide liegt noch im Kreidekästchen.

„Ich hab' keine Zeit", stammelt Franziska. „Morgen ist doch mein Geburtstag."

„Wenn du da keine Ordnung reinbringst, gibt es auch keinen Geburtstag. Vielleicht ist der Tag gar nicht mehr da. Die Zeitvergeuder sind nämlich hier eingebrochen, als der Kalendermann fortging."

Franziska ist verzweifelt. Wie konnte man da nur wieder Ordnung hineinbekommen? Und das auch noch in der kurzen Zeit!

Die alte Schultafel versucht ihr zu helfen. „Suche erst mal alle Monate zusammen", rät sie. „Lege sie dann untereinander auf meine schwarze Platte. Die haften von selbst. So altmodisch, wie ich

aussehe, bin ich gar nicht. Ich bin magnetisch."

Die Monate zu finden ist nicht schwer. Alle sind da, nur der August nicht.

„Gerade mein Geburtstagsmonat fehlt", jammert Franziska.

„Schreib den Monat mit Kreide dazu", rät die Schultafel.

Jetzt kommen die Wochentage an die Reihe. Der Dienstag und der Donnerstag fehlen. Franziska schreibt auch sie mit Kreide auf die Tafel. „Gerade der Dienstag", schimpft sie. „Wenn ich das nicht gemacht hätte, gäbe es für meinen Geburtstag nicht mal einen Wochentag."

Nun kommen die einzelnen Tage dran. Aber auch da haben die Zeitvergeuder zugelangt. Der zweite, der elfte und der vierundzwanzigste Tag fehlen.

„Das wäre vielleicht eine Katastrophe geworden", stöhnt Franziska, als sie die Zahlen mit Kreide ergänzt. „Am zweiten August ist mein Geburtstag, am elften ist Kinderfest, und wenn es die Vierundzwanzig nicht gäbe, müßte Weihnachten ausfallen."

Die Schultafel wischt mit dem Schwamm die Zwei weg. „Schreib sie ganz deutlich mit Kreide hin, Franziska. Es ist doch dein Geburtstag."

Das tut Franziska. Zufrieden betrachtet sie ihre Arbeit. Sie setzt sich in den großen Ohrensessel des Kalendermannes und denkt: „Ein Glück, daß er gerade mich um Hilfe gebeten hat. Bei diesem Durcheinander wäre mein Geburtstag sonst vielleicht auf den 31. Februar gefallen."

73

Blacky Prahlhans

Der Hofhund beneidete den Pudel Blacky.

„Du darfst immer in einer Wohnung leben", sagte er. „Du wirst zum Friseur gebracht und gebadet. Und sicher bekommst du auch immer Leckerbissen in deinen Freßnapf. Schau mich dagegen an, in Regen und Schnee muß ich draußen..."

Der schwarze Pudel kannte diese Jammerei. Einesteils tat ihm der Hofhund ja leid, aber hatte der nicht viel mehr Freiheiten als er? Der Hofhund durfte bellen, so laut er konnte, er konnte rennen, wohin er wollte, vor allem durfte er an Bäumen und Laternenpfählen schnuppern und sein Bein heben. Das alles hatte Blackys Frauchen ihrem Pudel streng verboten.

Einmal war Blacky allein zu Hause. Als er vom offenen Küchenfenster aus in den Hof schaute, kam der Hofhund zu ihm. Das Fenster befand sich im Erdgeschoß, aber Blacky traute sich nicht, hinunter auf den Hof zu springen. Das konnte er jedoch dem Hofhund gegenüber nicht zugeben.

„Du hast es gut", jammerte der Hofhund wieder. „Ich möchte auch mal in so einer Wohnung leben. Ich weiß nicht mal, wie eine Wohnung aussieht."

„Dann komm doch rein, ich zeig' dir alles." Blacky dachte nicht, daß der Hofhund den Sprung durch das Fenster schaffen würde. Aber mit einem Satz war der in der Wohnung.

Blacky hatte ein bißchen Angst, weil der Hofhund nun die Wohnung seines Frauchens besichtigen wollte. Aber er ließ es sich nicht anmerken und begann zu erklären: „So, das ist also meine Küche. Und dort steht der Kühlschrank. Da sind lauter leckere Sachen für mich drin. Wurst und Fleisch und..."

„Mach doch mal auf!" bat der Hofhund.

„Später!" vertröstete ihn Blacky. Er konnte doch nicht zugeben, daß er die Kühlschranktür gar nicht allein aufbekam. Er stieß die Küchentür mit der Schnauze auf und führte den Hofhund ins Wohnzimmer.

„Dort steht unser Fernseher. Ich sehe mir gern Filme an. Besonders solche, wo Hunde mitspielen."

„Mitspielen?" Blacky mußte dem Hofhund erst erklären, was in dem Fernseher alles passierte. Und weil Blacky genau aufgepaßt hatte, auf welchen Knopf man drücken mußte, um den Fernseher einzuschalten, klappte es auch sofort. Und welch ein Glück – es wurde gerade ein Zeichentrickfilm gezeigt.

Der Hofhund war begeistert. Er legte sich auf den Teppich und wollte unbedingt den Film zu Ende sehen. Aber Blacky zog ihn weiter.

„Ich denke, du willst dir meine Wohnung ansehen. Dann bleib nicht vor der Glotze liegen. Ich habe noch viele interessante Sachen. Hier, das ist mein Schlafzimmer...", Blacky fühlte sich wohl in seiner Rolle als Hund, der in einer Wohnung lebte, „. . . und das ist mein Bett."

„Oh, wie herrlich!" schwärmte der Hofhund. „Und darin schläfst du ganz allein? Darf ich mich auch mal hineinlegen?"

Blacky blieb gar nichts anderes übrig, als dem Hofhund zu erlauben, ins Bett seines Frauchens zu springen. Der wälzte sich schon genüßlich auf den schönen sauberen Kissen herum.

„Oh, wie wundervoll!"

Blacky fühlte sich geschmeichelt. „Komm, ich zeige dir noch mein Badezimmer."

Der Hofhund trennte sich nur sehr ungern vom schönen weichen Bett. Aber Blacky drängte ihn, auch das Bad zu besichtigen.

„Was ist das?" wollte der Hofhund wissen, als er die große Badewanne sah. „Und wozu sind diese vielen Flaschen?"

„Das ist meine Badewanne", prahlte Blacky. „Und in den Flaschen sind viele duftende Seifen. Damit bade ich – und es macht sehr viel Schaum."

„Schaum? Was ist das?"

„Ach, bist du dumm! Alles muß man dir erklären. Schaum ist wie Schnee, nur viel

weicher und viel wärmer. Komm, hilf mir mal den Wasserhahn aufzudrehen ..." Das konnte Blacky nämlich auch nicht.

Der Hofhund stellte sich aber gar nicht so ungeschickt an. Einen Wasserhahn aufdrehen, das hatte er gelernt, wenn sein Herrchen vergessen hatte, ihm ausreichend Wasser in den Napf zu tun. Und so plätscherte bald warmes Wasser in die Wanne. Dann schubste Blacky eine offene Flasche Badeschaum um, und bald schäumte es nicht nur in der Badewanne, sondern der Schaum war bald im ganzen Bad. Von da aus quoll er sogar in den Flur.

„Oh, wie herrlich ist deine Wohnung!" Der Hofhund konnte nicht genug kriegen vom schönen, duftenden Schaum.

Aber Blacky wurde ganz mulmig zumute, denn er hörte, daß sein Frau-chen die Wohnungstür aufschloß. Na, das würde einen Krach geben!

„Ach, du unnützes Tier! Was hast du denn nun wieder angestellt! Zur Strafe werde ich dir ..."

Aber welche Strafe Blacky erhalten sollte, das hörte der Hofhund nicht mehr. Er hatte nämlich schnell begriffen, daß Blacky das alles gar nicht durfte und nur geprahlt hatte. Mit einem Riesensatz flüchtete der Hofhund in die Küche und schaffte gerade noch den Sprung aus dem Fenster, bevor sich Blackys Frauchen vom Schrecken erholt hatte.

Blacky aber verkroch sich unter dem Sofa und ließ sich vor dem Abend nicht mehr blicken. Und wenn er künftig den Hofhund sah, drehte er gelangweilt den Kopf zur Seite, als würde er ihn überhaupt nicht kennen.

Das Haus der Schneekönigin

Vor vielen Jahren lebte einmal eine alte Frau. Keiner wußte mehr, wie sie richtig hieß. Jeder nannte sie die Blumenkäthe. Ihr Haus stand am Ende der Dorfstraße. Im Sommer blühten bunte Blumen im Garten. Im Winter waren die Fenster ihres Hauses mit Eisblumen bedeckt. Die sahen fast aus wie Sommerblumen, aber sie waren weiß wie Schnee.

Robin und Sabinchen waren oft bei der Blumenkäthe zu Besuch. Die hatte im Sommer immer Äpfel und Birnen für die beiden, und im Winter brühte sie einen Kräutertee auf und stellte einen Teller mit Zimtsternen dazu.

„Laßt es euch schmecken", sagte sie immer, und ihre Augen strahlten dabei viel Freundlichkeit aus.

Einmal im Winter zwickte der Frost so richtig. Sogar der Schneemann im Garten vor dem Haus brauchte eine Mütze und einen Schal.

Die Blumenkäthe rieb ihre Hände aneinander, damit sie warm wurden, und sagte: „Heute kommt die Schneekönigin, um ihre Miete zu kassieren."

„Die Schneekönigin?" fragten Sabinchen und Robin.

„Ja, ja. Die Schneekönigin. Ihr gehört doch dieses Haus."

Die beiden Kinder hatten schon von der Schneekönigin gehört und stellten sich eine ganz böse Frau darunter vor. Deshalb hatten sie Angst um die Blumenkäthe.

Aber die lachte nur darüber. „Nein, nein. Die Schneekönigin ist nicht böse. Sie ist nur sehr einsam, weil es in ihrem Schloß so kalt ist. Da will keiner bei ihr wohnen."

„Aber wenn sie ein Schloß hat, wozu braucht sie dann überhaupt noch Miete von dir?"

Sabinchen empörte sich darüber, weil

sie wußte, wie sparsam die alte Frau war. Sie hatte bestimmt nicht viel Geld.

„Ich zahle die Miete gern. Es ist ja auch kein Geld, was ich der Schneekönigin für das Wohnen in diesem Haus bezahle. Wollt ihr mal sehen, was sie dafür bekommt?"

Natürlich wollten die beiden wissen, was die Schneekönigin als Miete forderte. Sie staunten sehr, als die Blumenkäthe ein Tuch aus blauem Samt auf dem Tisch ausbreitete. Dann holte sie aus einer Schublade ihrer Kommode ein weißes Bündel.

„Daran habe ich den ganzen Sommer gearbeitet", sagte sie stolz. „Sie sind den Blumen sehr ähnlich geworden, nicht wahr?"

Es waren lauter Sterne aus ganz dünnem weißen Häkelgarn. Einer schöner als der andere. Und sie glichen sehr den Eisblumensternen auf den Fensterscheiben des Hauses. Die alte Frau legte die weißen Spitzensterne auf das blaue Samttuch, und Sabinchen und Robin dachten beinahe, es schneie.

„Die Schneekönigin wird mit mir zufrieden sein. Das sind die neuen Schneesternemuster für dieses Jahr."

Vorsichtig nahm Sabinchen einen der weißen Sterne vom blauen Samttuch. Als er auf ihrer Hand lag, hatte sie das Gefühl, es sei richtiger Schnee, der gleich schmelzen werde. Schnell legte sie den gehäkelten Stern auf das Tuch zurück.

„Kommt die Schneekönigin heute?" wollte Robin wissen.

„Kann schon sein. Aber wenn nicht heute, dann ein anderes Mal. Ich habe Zeit."

Als die beiden Kinder nach Hause gingen, begann es zu schneien. Große, dicke Flocken fielen sanft zur Erde. „Ich glaube, die Schneekönigin kommt heute noch, um ihre Miete abzuholen", flüsterte Sabinchen. „Die gehäkelten Sterne liegen nämlich noch auf dem Tisch."

„Ich wußte gar nicht, daß Schnee so viele einzelne Sterne hat", sagte Robin. „Und so viele unterschiedliche Muster."

Sabinchen fing mit ihren dicken Fausthandschuhen Schneeflocken auf.

„Ein Glück, daß die Schneekönigin die Blumenkäthe hat. Wer sollte sich sonst die vielen Muster ausdenken. Und ohne den schönen bunten Sommerblumengarten wäre das auch nicht möglich…"

An diesem Abend setzte ein dichtes Schneetreiben ein. Sabinchen und Robin dachten an die Blumenkäthe, die nun bestimmt mit der Schneekönigin im kleinen Haus am Dorfende zusammensaß und ihr zeigte, welche von ihren gehäkelten Sternen sich am besten für Schneesterne eigneten.

Nachts aber schlich sich Robin heimlich ans Fenster im Hausflur. Es war kein Doppelfenster, deshalb hatten sich wunderschöne Eiskristalle an den Scheiben gebildet. Die glänzten wie Diamanten. Trotzdem hauchte Robin ein Loch in die glitzernde Pracht.

„Vielleicht", dachte er, „kommt gerade die Schneekönigin vorbei. Und sie hat bestimmt eine weiße Kutsche und weiße Pferde."

79

Schweinchen Kugelrund

Das rosa Sparschwein rollte sich auf den Rücken und versuchte ächzend, die drei Pfennige aus dem Schlitz zu schütteln. Drei Pfennige! Und seit Monaten keinen einzigen Pfennig dazubekommen! Nicht einmal seinen Platz auf dem Regal hatte Kugelrund behalten dürfen. Mitten zwischen den anderen Spielsachen lag das Sparschweinchen in einer Ecke. Es hatte einen Entschluß gefaßt: „Ich wandere aus. Ich suche mir Kinder, die mich füt-

tern, mit Pfennigen, mit Groschen und mit Markstücken. Vielleicht sogar manchmal mit einem Fünfmarkstück."

Doch erst mußte sich Kugelrund von den drei Pfennigen befreien. Schließlich wollte er das Geld nicht stehlen! Endlich hatte es das Sparschwein geschafft und lief zur Wohnungstür. Es wartete einen günstigen Augenblick ab, um sich davonzumachen. Als die Mutter die Tür aufmachte, um zum Einkaufen zu gehen,

flitzte Kugelrund den langen Flur entlang, so schnell es ging.

Was nun? Kugelrund hatte sich bisher noch gar nicht überlegt, was jetzt geschehen sollte. Eine andere Familie wollte er suchen, Kinder, die auch Freude am Sparen hatten.

Kugelrund schnüffelte an den Wohnungstüren, um herauszubekommen, ob sparsame Kinder dort zu Hause waren. Aber es gab sehr viele Türen in diesem Hochhaus.

An einer Wohnungstür erschnüffelte Kugelrund endlich Kinder. Wenig später wurde er entdeckt und unter großem Hallo in die Wohnung geholt. Schnell füllte sich sein Bauch mit Münzen. Kugelrund war glücklich. Drei Kinder lebten hier, und alle drei sammelten Groschen und Markstücke für seinen Bauch.

Aber die Enttäuschung kam bald. Nach und nach schüttelte jedes der Kinder das Sparschweinchen so lange, bis etliche Münzen wieder aus dem Schlitz herausfielen. Kugelrund wurde ganz schwindlig.

„Bloß für ein Eis!" sagte das eine Mädchen, und das andere brauchte Geld für Pommes, und der Junge kam gleich mehrmals, weil er ins Kino gehen wollte. Als kein Geld mehr im Bauch von Kugelrund war, schaute ihn keiner mehr an.

Das ist nicht die richtige Familie, dachte Kugelrund und wanderte erneut aus. Diesmal wollte er vorsichtiger sein. Er rollte die Treppen zum unteren Stock hinunter. Stundenlang schnüffelte er an den Wohnungstüren, um herauszu-

bekommen, ob dort Kinder wohnten, die richtig sparen konnten.

Bei der einen Familie erschnüffelte Kugelrund zwar Sparsamkeit, aber die machte ihm keine Freude.

„Die Kinder sammeln ja nur Geld an. Die wissen nicht mal, wofür sie sparen", dachte das Sparschweinchen.

Die nächste Familie brauchte dringend jede Mark. Da blieb nicht mal ein Pfennig für das Sparschwein übrig. Und wieder andere brachten das ersparte Geld zu einer Sparkasse. Ihnen war es zu unsicher, die Ersparnisse zu Hause aufzubewahren.

Das alles erkundete Kugelrund auf seiner langen Reise durch das zwölfstöckige Hochhaus. Ganz verzweifelt und total ausgehungert kam Kugelrund endlich vor einer Wohnungstür an, hinter der er zwei Kinder reden hörte. Ein Mädchen und einen Jungen, die Anna und Tom hießen. Ob das die richtige Familie war? Noch ehe Kugelrund sich darüber klarwurde, kam eine Frau auf die Wohnung zu.

„Ja, wen haben wir denn da?" Sie hob Kugelrund auf und nahm ihn kurzerhand mit in die Wohnung hinein. „Schaut mal, was ich vor der Tür entdeckt habe!"

Tom und Anna waren begeistert. „So ein Sparschweinchen haben wir uns schon immer gewünscht." Anna holte gleich drei Pfennige und steckte sie durch den Schlitz.

„Das bringt Glück!" behauptete sie.

Tom wollte seiner Schwester nicht nachstehen. Er steckte auch drei Pfen-

nige in den Bauch von Kugelrund. Und weil ihre Eltern ebenfalls Glück spendieren wollten, landeten vier mal drei Pfennige in Kugelrunds Bauch.

Erst mal war das Sparschweinchen zufrieden. Aber ob das so weiterging? Noch hatten Anna und Tom nicht gesagt, ob sie wirklich sparen wollten und wofür. Konnte doch sein, sie stopften seinen Bauch voll und wußten gar nicht, wofür.

„Sparen soll doch Spaß machen!" Am liebsten hätte Kugelrund das laut gerufen, damit es alle hörten: „Man soll wissen, wofür man spart, und es gern tun! Jawohl!"

In den nächsten Tagen hörte Kugelrund genau auf die Gespräche von Anna und Tom.

„Wir legen einen Zettel dazu", schlug Anna vor. „Ich spare nämlich auf das Buch, das ich mir schon so lange wünsche."

„Und ich auf das Skateboard", sagte Tom.

„Aber es muß auch noch etwas übrigbleiben, wenn wir Geschenke machen wollen, für Geburtstage und Weihnachten …"

„Bis Weihnachten ist noch viel Zeit", meinte Tom. „Aber wir können ja auf den Zettel schreiben, was jeder dafür sparen will. Und wenn wir aus dem Sparschwein etwas rausnehmen, machen wir das zusammen. Es muß ja alles seine Ordnung haben."

Kugelrund wußte nun genug. Er war vollkommen zufrieden. Anna und Tom wollten sich Wünsche erfüllen, auf die sie selbst sparten. Aber sie vergaßen darüber auch die anderen nicht.

Das Spatzendenkmal

Es hatte geregnet. Nein, es hatte wie aus Gießkannen gegossen! Spatz Heinrich beschloß, in der großen Pfütze ein Bad zu nehmen. Und weil Heinrich ein sehr sportlicher Spatz war, flog er die Pfütze auch an, als sei er ein Düsenflugzeug, das zur Landung ansetzt. Natürlich spritzte dadurch das Wasser nach allen Seiten.

„Kannst du nicht ein bißchen rücksichtsvoller sein?"

Heinrich war nicht der einzige Spatz, der in der Pfütze baden wollte. Aber weil ihm seine Landung so gut gelungen war, fühlte er sich wie ein Held.

„Ich kann spritzen, soviel ich will", tschilpte er patzig. „Das ist nämlich meine Pfütze."

„Seht euch den an! Denkt, er ist was Besonderes. Vor dem Regen gab es diese Pfütze nämlich noch gar nicht. Und wir waren vor dir da. Also scher dich davon."

Im Nu brach der schönste Spatzenstreit aus, und weil alle gegen ihn waren, mußte Spatz Heinrich das Feld räumen. Das ärgerte ihn sehr, und er beschloß, es ihnen heimzuzahlen.

Wütend flog Heinrich davon und setzte sich auf seinen Lieblingsplatz. Das war der Kopf eines Mannes aus Stein, ein Denkmal, das man im Park errichtet hatte. Von da aus konnte er leicht erspähen, wo jemand Brotkrümel für die Vögel hinwarf. Und bevor die langsamen Tauben das mitbekommen hatten, war Heinrich längst an der Futterquelle.

An diesem Tag aber hielt Heinrich gar nicht nach Brotkrümeln Ausschau. Er dachte nach. Er wollte etwas finden, womit er die anderen Spatzen, die ihn von der Pfütze vertrieben hatten, beeindrucken konnte.

Aber da fuhr ein großes Lastauto vor das Denkmal. Einige Männer hoben mit einem Kran den steinernen Menschen vom Sockel. Sie legten ihn auf den Lastwagen und fuhren wieder davon.

Spatz Heinrich war traurig. Nun hatten sie ihm auch noch seinen Lieblingsplatz weggenommen. Erst die Pfütze und nun auch noch das Denkmal!

Als er sich etwas beruhigt hatte, probte der Spatz den Anflug auf den leeren Sockel. Das machte Spaß, und er bekam langsam wieder gute Laune. Ihm war eine tolle Idee gekommen: „Das ist ab sofort *mein* Denkmal. Das Spatz-Heinrich-Denkmal!"

Er hüpfte genau in die Mitte des Sockels und plusterte sich gewaltig auf. Es störte ihn gar nicht, daß der Denkmalsockel viel zu groß für ihn war. Ihm gefiel es sehr, eine Pose nach der anderen auszuprobieren. Er kam sich immer größer und gewaltiger vor.

Von seinem Denkmalsplatz aus erspähte Spatz Heinrich eine Frau. Sie streute herrliche Krümel vor die Bank, auf der sie saß. Im Nu kam eine ganze Schar Spatzen, um die Krümel aufzupikken.

Heinrich erkannte darunter auch die Pfützenspatzen. Aber die kümmerten sich nicht um ihn. Sie bemerkten gar nicht, daß er ein eigenes Denkmal hatte. Erst als sie alles aufgepickt hatten, sagte ein junger, frecher Spatz: „Guckt mal, da sitzt Heinrich. Er traut sich jetzt nicht mal, mit uns zu speisen."

Dem Heinrich sträubten sich vor Wut alle Federn.

„Ihr dummes Spatzenvolk! Seht ihr nicht, daß man mir ein Denkmal errichtet hat? Ich bin der allererste Spatz mit einem eigenen Denkmal!"

„Und sicher auch der allerhungrigste!" tschilpte eine Spatzendame respektlos. „Oder kriegst du etwa extra Denkmalskrümel gebracht?"

Und als die Spatzen alle Krümel aufgepickt hatten, flogen sie weiter. Sie kümmerten sich nicht mehr um das Denkmal. Heinrich schaute sich nach allen Seiten um. Als er sicher war, daß ihn niemand beobachtete, flog er schnell zu der Stelle vor der Bank, wo er noch einzelne Krümel entdeckte. Er wäre sehr gern mit den anderen mitgeflogen, denn er war hungrig. Außerdem fürchtete er sich vor der Nacht, wo er nicht zum Schlafplatz auf dem Spatzenbaum fliegen konnte. Auf dem Denkmalsockel fühlte er sich nun sehr einsam. Keiner kam, um ihn zu bewundern.

Als es dunkel wurde, flog Spatz Heinrich doch zu seinem Schlafplatz auf dem Spatzenbaum. Die anderen bemerkten ihn gar nicht, weil er sich ganz still auf seinen Ast setzte. Bald schlief Heinrich erschöpft von den Aufregungen des Tages ein.

Und dann träumte er.

Er saß auf seinem Denkmalsplatz, und zu seinen Füßen versammelten sich alle Spatzen der Stadt. Jeder hatte ein Krümelchen im Schnabel und legte es vor Heinrich hin.

„Hier, großer Spatz, dem ein Denkmal errichtet wurde. Wir bringen dir die schönsten Krümel, die wir finden konnten. Laß sie dir schmecken . . ."

Aber es war eben nur ein Traum. Ein Spatzentraum.

Das Flugfahrrad

Lukas hatte eine tolle Erfindung gemacht: ein Flugfahrrad. Nun mußte er es noch ausprobieren. Tag und Nacht träumte er davon, wen er alles einladen wollte, wenn er seine Erfindung vorführen würde ...

Und dann ist es endlich soweit. Lukas geht an den Start. An den Straßenrändern steht seine ganze Schulklasse. Und viele andere Leute sind natürlich auch gekommen, denn alle sind neugierig auf das Flugfahrrad von Lukas. Mit bunten Fähnchen winken sie Lukas zu. Der hat auf dem Gepäckträger ein geheimnisvolles Bündel: die aufblasbaren Flügel.

Lukas ist sehr stolz auf seine Erfindung. Schnell bläst er die Flügel auf. Sein Gesicht wird vor Anstrengung puterrot. Aber er hört trotzdem, daß die Leute begeistert „Ah!" und „Oh!" rufen.

Endlich sind die Flügel aufgeblasen. Lukas schnallt sie auf seinem Rücken fest. Sie haben eine Spannweite von über vier Metern!

Jetzt setzt Lukas den Motorradhelm auf den Kopf und schiebt das Flugfahrrad bis zur Startlinie. Vorn am Lenker hat er seine Armbanduhr und den Kompaß mit Klebeband montiert. Die Klingel hat er durch eine Hupe ersetzt. Das tollste

am Flugfahrrad aber ist der Antrieb: Die Pedale bewegen einen Riesenpropeller, der am Gepäckträger angebracht ist. Sogar einen Fallschirm hat Lukas dabei. Da kann auch der TÜV nichts mehr daran aussetzen.

Lukas' Vater hat es übernommen, das Startzeichen zu geben. Jetzt senkt er den Arm mit dem Fähnchen und schneidet gleichzeitig mit der anderen Hand die Startschleife durch: „Start!"

Lukas tritt kräftig in die Pedale, und los geht es.

Brr – ssst – brr – der kritische Augenblick ist gekommen. Jetzt hebt das Flugfahrrad vom Boden ab. Sssst – brrr – sssst! Lukas hört nur noch das leise Surren der Pedale. Stolz schwebt er über der Stadt. Ganz klein sind die Häuser, und bald sind die Menschen nur noch winzige Punkte. Lukas legt sich etwas auf die Seite, damit er über der Stadt kreisen kann. Schön ist das!

Da! Plötzlich sieht er neben sich einen dunklen Schatten. Ein kräftiger Flügelschlag bringt ihn fast aus dem Gleichgewicht. Ein Bussard!

„He, du! Was willst du in meinem Revier?"

„Fliegen!" schreit Lukas. „Was denn sonst? Deine Mäuse kannst du behalten. Ich esse lieber Eierpfannkuchen mit Apfelmus!"

Lukas strengt sich beim Schreien sehr an. Dabei vergißt er, die Pedale zu treten. Sofort verliert er an Höhe.

Der Bussard krächzt schadenfroh.

„Wirst schon sehen", ruft Lukas dem Bussard zu. „Ich fliege höher als du! Ich schaffe das schon!" Und er strengt sich noch mehr an. Als er einmal hinunterschaut, sieht er, wie die Leute aufgeregt mit den Taschentüchern winken. Sie sehen natürlich seinen Kampf mit dem Bussard.

„Ich schaffe das!" schreit Lukas. „Ich fliege noch viel höher. Mit meiner Erfindung schaffe ich das. Mit meinem Flugfahrrad..."

Als Lukas am Morgen aufwacht, denkt er noch lange an seinen Traum. „Wenn ich groß bin, werde ich Erfinder", beschließt er. „Und so ein Flugfahrrad, das ist doch dann das allereinfachste!"

Kater Zeppelin

Niemand durfte davon wissen, daß Pauline den kleinen schwarzen Kater mit den drei weißen Pfoten mit nach Hause gebracht hatte.

„Das ist ein Kater", hatte Paul gesagt. „Er heißt Zeppelin. Und ab sofort gehört er dir."

„Zeppelin?" fragte Pauline. „Wieso heißt er Zeppelin?"

„Wieso nicht?" Paul drückte ihr den kleinen Kater in die Arme. „Es waren fünf", erklärte er. „Und den hier schenke ich dir."

So ein Geschenk konnte man nicht einfach zurückweisen.

Pauline freute sich über Zeppelin, und sie freute sich auch wieder nicht. Wie sollte sie ihren Eltern beibringen, daß künftig ein schwarzer Kater mit drei weißen Pfoten bei ihnen leben würde? Bisher hatten die Eltern nie erlaubt, daß sie ein Haustier hatte. Nicht mal einen Hamster.

Pauline setzte den kleinen Kater wieder in den Stoffbeutel, in dem Paul das Tierchen mitgebracht hatte. Sie hätte ja noch sagen können: „Nein, behalte deinen Zeppelin. Ich darf sowieso kein Tier mit nach Hause bringen." Aber irgendwie hatte sie den Kater sofort liebgewonnen. Sie brachte es nicht übers Herz, ihn wieder herzugeben.

Nun hob sie ihn vorsichtig aus dem Beutel und setzte ihn auf ihr Bett. Zeppelin sträubte sich und fuhr seine winzigen scharfen Krallen aus. Ehe Pauline sich in acht nehmen konnte, hatte sie ihre ersten Kratzer.

„Dummer Zeppelin", sagte sie leise und vorwurfsvoll. „Ich tue dir doch nichts. Du wirst dich schon noch an mich gewöhnen."

„Mauz, miauz!"

Zeppelin wollte vom Bett herunter, traute sich aber noch nicht recht. Pauline

90

holte aus der Küche eine kleine Schale, die sie mit Milch füllte.

„Komm, Zeppelin!" lockte sie. Und da sprang der kleine Kater vom Bett auf den Fußboden. Gierig leckte er die Milch auf. Pauline freute sich, als sie ihm dabei zusah.

Doch wenig später stellte sich die erste Schwierigkeit ein. Zeppelin machte ein Pfützchen, direkt neben dem Papierkorb. Schnell holte Pauline Klopapier und wischte alles auf.

„Wo soll er denn seine Pfützchen und Häufchen machen", dachte sie besorgt. „Er braucht dazu einen festen Platz. Am besten wäre das Badezimmer. Aber wenn Mama mitkriegt, daß Zeppelin bei uns wohnt, oje!"

Länger als drei Tage konnte Pauline Zeppelin nicht geheimhalten. Am Sonntag morgen spazierte er ins Wohnzimmer, als alle beim Frühstück saßen.

„Miau-au!"

Pauline blieb fast die Luft weg. Ihre

Mutter verzog keine Miene und tat so, als habe sie Zeppelin nicht bemerkt. Erst als der kleine Kater sich am Bademantel von Paulines Vater hochhangelte, schaute sie Pauline an. Doch eine Antwort brauchte Pauline nicht zu geben, denn ihr Vater griff sich Zeppelin.

„Na, wen haben wir denn hier?"

„Das – ist – Zeppelin", stotterte Pauline. „Er wohnt erst seit drei Tagen bei mir, und er muß noch viel lernen…"

Zeppelin strampelte sich frei, dann lief er quer über den Tisch.

„Er muß wirklich noch viel lernen", sagte Paulines Mutter. „Ich werde ihm ein Kistchen mit Sägespänen füllen, damit er sich daran gewöhnt und seine Pfützchen nicht immer neben deinen Papierkorb macht."

Pauline schaute ihre Mutter fragend an. „Woher weißt du das?"

Paulines Mutter lachte. „Ich habe es gerochen. Außerdem hat der Kleine laut und empört geschrien, als du in der Schule warst. Denkst du, er läßt sich immer in dein Zimmer einsperren?"

Deswegen hatte sich Pauline auch schon Sorgen gemacht. „Darf er bleiben?"

„Wenn du die Verantwortung dafür übernimmst, daß er regelmäßig gefüttert wird und sein Kistchen immer sauber ist, ja."

Pauline fiel ein Stein vom Herzen. Zeppelin durfte bleiben. Er brauchte vor niemandem zu versteckt werden und konnte in der ganzen Wohnung auf Entdeckungsreise gehen.

„Warum habt ihr denn früher nie erlaubt, daß ich ein Tier habe?" wollte Pauline später wissen.

„Weil ein Tier kein Spielzeug ist", erklärte ihr die Mutter. „Du warst immer so schnell begeistert von etwas, und wenig später war die Begeisterung verflogen. Aber ich denke, du weißt jetzt, daß es hauptsächlich von dir abhängt, ob Zeppelin bei uns bleiben kann."

„O ja!" beteuerte Pauline. Sie knüllte ein Stück Papier zu einer Kugel und warf sie auf den Fußboden. Blitzschnell hatte der kleine Kater das Spiel begriffen und versuchte die Kugel zu fangen. Paulines Vater machte gleich mit. Nun war er es, der die Papierkugel warf.

Und Pauline dachte: „Um Zeppelin werde ich mich immer kümmern. Das verspreche ich."

Der Tolpatsch

Es wurmte Mischa, daß seine Schwester Carolin ihm nichts zutraute.

„Den Christbaum schmücke ich ohne Mischa. Der Tolpatsch schmeißt bloß die Kugeln kaputt", hatte sie gesagt, als der Vater den Baum in den Ständer einpaßte.

Mischa war beleidigt. Carolin war nur ein Jahr älter als er. Aber sie behandelte ihn wie ein Baby, weil ihm ab und zu ein Mißgeschick passierte.

„Dir werde ich es zeigen!" schwor sich Mischa, als er abends in seinem Bett lag. „Der Baum wird geschmückt sein, bevor morgen früh überhaupt jemand wach ist. Ihr werdet staunen, wie prima ich das kann."

Mit diesem Vorsatz schlief Mischa ein . . .

Ganz leise schleicht sich Mischa mitten in der Nacht aus seinem Zimmer. Er hat die große Taschenlampe dabei. In der Abstellkammer knipst er sie an. Vorsichtig schiebt er den Hocker vor das Regal. Der Karton mit dem Christbaumschmuck steht ganz oben. Sosehr sich Mischa auf dem Hocker auch streckt, er kommt einfach nicht ran an den Karton.

Da holt er die Fußbank aus der Küche und stellt sie auf den Hocker. Das ist eine wacklige Angelegenheit, aber nun kann er endlich den Bindfaden fassen und den Karton damit nach vorn ziehen. In der einen Hand hält er die Taschenlampe, in der anderen das Ende des Bindfadens – und unter sich hat er die wacklige Fußbank auf dem Hocker. Schneller, als Mischa denken kann, kommt ihm von oben der Christbaumschmuck entgegen. Die Kugeln kullern über seinen Kopf und zerplatzen auf den Fliesen. Das Lametta und die glitzernden Girlanden bleiben in Mischas Haaren und am Schlafanzug

hängen. Nun sieht er selbst aus wie ein geschmückter Weihnachtsbaum.

Das ist ja eine schöne Bescherung! Vorsichtig steigt Mischa von der Fußbank auf den Hocker, vom Hocker auf den Fußboden und besieht sich den Schaden. Da ist aber auch keine einzige Kugel ganz geblieben. Überall glitzernde Splitter, selbst die Christbaumspitze ist kaum noch zu erkennen.

„Was mache ich bloß?" denkt Mischa verzweifelt. „Womit schmücken wir jetzt den Baum? Carolin wird heulen und wieder Tolpatsch zu mir sagen. Was mache ich bloß?"

Mischa erschrickt, als sich der Kater Muck durch den Türspalt in die Abstellkammer zwängt. Er hat den Schwanz kerzengerade aufgestellt. Seine Augen glitzern mit den bunten Splittern um die Wette.

„Bist ein Tolpatsch!" mauzt der Kater. „Nimm schnell den Besen, und fege alles zusammen, bevor es jemand merkt. Dann stell den Karton einfach wieder aufs Regal. Ich verrate nichts."

Mischa schaut in die glitzernden Katzenaugen. Die Versuchung ist groß. Vorsichtshalber fragt er: „Was verlangst du für dein Schweigen?"

Muck streicht um Mischas Beine. „Nicht viel. Laß mich nachts mit in deinem Bett schlafen. Nur am Fußende."

Eigentlich möchte Mischa sein Bett nicht mit dem Kater teilen. Aber was bleibt ihm anderes übrig?

Den Rest der Nacht verbringt Mischa damit, die Splitter von den Fliesen zu fegen und sie in den Karton zu schütten.

„Vergiß nicht das Lametta auf deinem Kopf", meint Muck und gähnt. „Und beeile dich. Ich will ins Bett."

Mischa schwitzt vor Anstrengung, als er den Karton endlich wieder oben auf das Regal gestellt hat. Seine Beine zittern. Er schleicht durch den dunklen Flur in sein Zimmer. Dort hat es sich der Kater im Bett schon bequem gemacht.

„Wenn du die Beine nicht so lang ausstreckst, kann ich prima am Fußende schlafen", schnurrt Muck. „Ich verrate nichts. Großes Katerehrenwort."

Am nächsten Morgen traute sich Mischa kaum aus dem Bett. Und seine Beine waren ganz verkrampft vom Einziehen.

„Nein", dachte er, „ich will nicht jede Nacht mit krummen Beinen schlafen. Lieber beichte ich, was ich angestellt habe. Und wenn Carolin Tolpatsch zu mir sagt, dann soll mir das auch egal sein."

Als er in die Küche kam, stand der Karton auf dem Hocker. Mischa war zum Heulen zumute.

Beim Frühstück erzählte er, was er in der Nacht angerichtet hatte.

Carolin sagte: „Na siehste, du bist eben doch ein . . ."

„Halt!" sagte die Mutter. „Ich finde es ganz schön mutig von Mischa, alles zuzugeben – auch wenn er es nur geträumt hat." Sie lachte und hob den Deckel vom Karton.

Da lagen sie, die bunten glitzernden Kugeln. Eine neben der anderen. Alle waren unversehrt. Nicht mal das Lametta war verheddert.

Mischa schickte einen merkwürdigen Blick zum Kater Muck, der gerade sein Fell putzte. Aber Muck schien sich an das nächtliche Abenteuer überhaupt nicht zu erinnern.

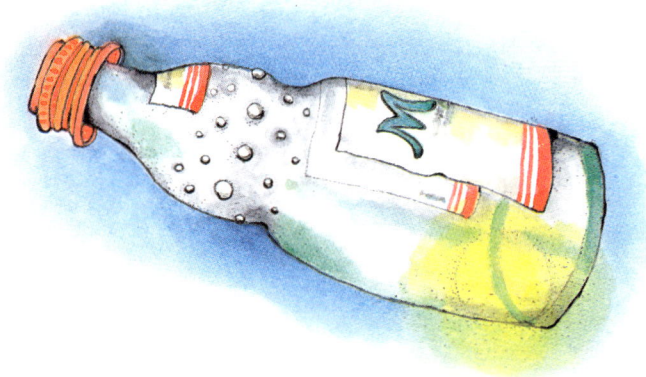

Das Licht in der Flasche

Felix hatte vom Glascontainer eine Flasche mit nach Hause gebracht. Er hatte sich nicht entschließen können, sie zu den Marmeladengläsern und Flaschen in den Container zu werfen. Es kam ihm so vor, als leuchte die Flasche. Und das wollte er zu Hause in Ruhe untersuchen. Denn alles, was geheimnisvoll war, mußte er genau ergründen.

Und wirklich: In der Flasche war ein Licht! Ein Licht, so groß wie ein Fünfmarkstück. Felix sah, daß das Licht verzweifelt versuchte, aus der Flasche herauszukommen. Aber die Flasche war fest verschraubt.

„Ein Flaschengeist!" dachte Felix. „So was gibt's doch gar nicht!"

„Laß mich raus. Bitte, laß mich raus. Sonst schmelzen sie mich mit der Flasche zu flüssigem Glas!"

Felix traute seinen Ohren kaum. „Bist du ein Flaschengeist?"

„So was Ähnliches. Laß mich raus, bitte."

„Was gibst du mir dafür?" Felix erinnerte sich, daß in den Märchen die eingesperrten Geister immer einen Wunsch erfüllten, wenn man sie freiließ.

Das Licht in der Flasche zog sich zu einem kleinen Punkt zusammen.

„Ich habe nichts, was ich dir geben könnte. Es war reiner Zufall, daß ich in der Flasche eingesperrt worden bin. Laß mich doch bitte raus."

Felix dachte: „Im Container wäre die Flasche sowieso kaputtgegangen. Spätestens aber in der Glasfabrik. Und da hätte der Geist entkommen können. Aber das weiß er nicht mal. Klug scheint er nicht zu sein."

„Ich lass' dich raus, wenn du mir etwas schenkst oder mir einen Wunsch erfüllst", sagte er dann.

„Kann ich nicht", seufzte das Licht in der Flasche. Es klang sehr traurig. „Ich war müde und bin in der Flasche eingeschlafen. Als ich aufwachte, war ich eingesperrt."

„Irgendwas wirst du doch als Lösegeld haben", meinte Felix. „Ich kann dich doch nicht so einfach rauslassen. Eine solche Gelegenheit kommt nicht wieder."

„Ich habe wirklich nichts. Wenn ich dich anlügen würde, könnte ich dir ja vieles versprechen. Aber ich will nicht lügen."

„Schöne Bescherung", sagte Felix. „Ich muß erst darüber nachdenken."

Das Licht in der Flasche setzte sich jetzt an die Flaschenwand.

„Ich könnte dein Freund sein", sagte es leise. „Mehr habe ich wirklich nicht, was ich dir geben könnte."

Felix war unterdessen zu einem Entschluß gekommen. Er dachte: „Wenn ich die Flasche nicht zufällig gefunden hätte, dann könnte ich mir auch nichts wünschen. Und was macht das schon, wenn ich dem Licht die Freiheit schenke." Es tat ihm leid, daß es auch unter den Flaschengeistern solche gab, die absolut nichts zu verschenken hatten. „Na gut", sagte er. „Dann sind wir eben Freunde."

Felix schraubte den Verschluß ab, und das Licht huschte aus dem engen Flaschenhals.

„Danke", sagte es. „Das vergesse ich dir nie."

„Nicht der Rede wert", sagte Felix jetzt. „Du wärst auch ohne mich freigekommen." Er nahm die Flasche, die nun wirklich leer war, und steckte sie in den Eimer für Glasabfälle. Als Felix in sein Zimmer zurückkam, saß das Licht, rund und groß wie ein Fünfmarkstück, auf der Spielzeugkiste.

„Ist das ein Auto?"

„Ja. Willst du mal fahren?"

Das Licht wurde der beste Freund von Felix. Mal war es da, mal wieder nicht. Und wenn es wiederkam, erzählte es immer was Neues. Manchmal war es aber traurig.

„Ich habe kein Gesicht", klagte es. „Du weißt nie, ob ich lache oder weine, ob ich schlafe oder dir zusehe, ob ich böse bin oder freundlich."

Darüber dachte Felix mindestens drei Tage nach. Und als das Licht einmal ausgegangen war, malte er auf ein großes Blatt Zeichenpapier lauter kreisrunde Gesichter: ein lachendes, ein weinendes, ein schlafendes, ein wütendes und natürlich ein freundliches auch.

„Super!" sagte das Licht, als es wenig später zum Fenster hereinkam. „Absolute Spitze!" Und es setzte sich sofort auf das freundliche Gesicht. „Ich habe heute wieder neue Wörter gelernt. Willst du sie hören?"

„Nein, nein!" wehrte Felix ab. „Die kenne ich bestimmt schon alle. Hilf mir lieber bei den Hausaufgaben. Da bist du doch . . ."

„Spitzenmäßig superschlau!" sagte das Licht. „Also fünf mal zehn ist fünfundfünfzig!"

„Nein! Fünfzig!" Felix mußte lachen, denn das Licht hatte sich auf das Gesicht gesetzt, das sich schämte.

„Na komm", meinte er. „Wirst es schon auch noch begreifen. Ist doch gar nicht so schwer."

Und Felix dachte: „Wäre schade, wenn ich das Licht nicht getroffen hätte. Auch wenn es nicht mal das Einmaleins kann."

Die Fleißwichtel

Jonas war ganz versessen auf Geschichten, in denen es darum ging, wie Heinzelmännchen die Arbeit der Menschen verrichteten.

„Ist doch jammerschade, daß es so etwas nur im Märchen gibt!" klagte er oft, wenn ihm seine Eltern Arbeiten auftrugen, die er nicht gern tat. Müll in die Tonne bringen oder sein Zimmer aufräumen, das waren Aufgaben, denen er am liebsten aus dem Weg ging. Und das Katzenklo machte Jonas überhaupt nicht gerne sauber, obwohl er das nie zugab. Denn damals, als er das Kätzchen unbedingt haben wollte, hatte er behauptet, es sei ein Klacks. Oder das schmutzige Geschirr in die Spülmaschine räumen – ach, wie er diese Dinge haßte!

Meistens erledigte Jonas alles im allerletzten Augenblick, bevor die Mutter von der Arbeit nach Hause kam. Wie konnte er sich nur von diesen lästigen Pflichten befreien? Gab es denn gar keine Möglichkeit? Jonas dachte: „Ein paar von diesen Heinzelmännchen, und mein Problem wäre gelöst!"

„Was gibst du uns dafür?"

Jonas erschrak, als er plötzlich vor sich einen Knirps sah, nicht größer als dreißig Zentimeter.

„Wer bist du? Und wofür willst du etwas haben? Bist du ein Heinzelmännchen?"

Der Knirps grinste verächtlich. „Altmodisch! Heinzelmännchen gibt's schon lange nicht mehr. Könnten die vielleicht mit eurer Spülmaschine umgehen? Oder mit dem Mikrowellenherd? Wir können das, wir sind die Fleißwichtel. Aber mit einer Schale Milch geben wir uns nicht zufrieden. Die kannst du deiner Katze hinstellen!"

Jonas war begeistert von der Aussicht, Fleißwichtel zu beschäftigen, die sich mit moderner Technik auskannten. „Was wollt ihr als Bezahlung? Üppig ist mein Taschengeld nämlich nicht gerade."

„Geld brauchen wir nicht. Aber du mußt in der Zeit, wo wir die Arbeit machen, schlafen. Und mogeln gilt nicht."

Das schien Jonas ein leichter Lohn für so viel Arbeit. „Abgemacht. Soll ich gleich schlafen? Ihr müßtet dann ..."

„Wir wissen selbst, was zu tun ist", sagte der Fleißwicht. „Also sieh zu, daß du einschläfst."

„Nichts einfacher als das", dachte Jonas. Er legte sich auf sein Bett und schloß die Augen. „Ich hätte ihm noch sagen sollen, daß er mich weckt, wenn sie fertig sind", überlegte er. „Womöglich schlafe ich noch, wenn meine Mama und mein Papa heimkommen."

Aber soviel Mühe er sich auch gab, er konnte einfach nicht einschlafen. Angestrengt lauschte er, ob sich in der Küche schon etwas tat. Aber er hörte nur die Katze auf leisen Sohlen durch die Wohnung schleichen. Und das hörte er auch nur, weil die Tür quietschte, als sie sich durch den schmalen Spalt zwängte.

Nach einer Weile blinzelte er mal kurz, konnte aber nicht sehen, ob schon irgend etwas von den Fleißwichteln erledigt worden war.

„Schade", dachte Jonas, als er mindestens eine halbe Stunde reglos auf seinem Bett gelegen hatte. „Die Sonne scheint so schön, und sie spielen bestimmt heute wieder Fußball auf der Wiese. Und ein Eis würde ich mir auch gerne kaufen." Dann fiel ihm noch ein, daß er in die Bücherei gehen wollte, weil das bestellte Buch endlich da war. Und überhaupt, wenn er nichts tun durfte als schlafen, dann war die ganze Fleißwichtelarbeit für die Katz!

„In der Zeit hätte ich das alles längst geschafft", dachte Jonas.

Er sprang auf und lief in die Küche, schnappte sich den Mülleimer und lief die Treppen hinunter. In weniger als einer halben Stunde hatte er alles erledigt. Und jetzt zweifelte er sogar daran, daß ihm ein Fleißwicht seine Hilfe tatsächlich angeboten hatte.

Die Kröten mit den Bernsteinaugen

„Heute abend darfst du länger aufbleiben", sagte Kerstins Mutter. „Du wolltest doch wissen, weshalb wir den Zaun für die Kröten gebaut haben. Jetzt ist es soweit."

Kerstin war ganz aufgeregt. „Sie wandern heute? Vom Wald in ihren Teich? Und da bleiben sie den ganzen Sommer?"

Ihre Mutter hatte schon oft davon erzählt, daß die Kröten sehr gefährdet sind, wenn sie bei ihren Wanderungen im Frühjahr Straßen überqueren müssen. Deshalb hatten Kerstins Eltern mit den Bewohnern des Ortes einen Krötenzaun aufgestellt. Kerstins Vater hatte selbst mitgearbeitet, damit der Zaun nicht so teuer wurde.

Es hatte geregnet, und der Boden war frostfrei. Es war schon richtig mild.

„Genau das richtige Wetter für die Krötenwanderungen!" sagte die Mutter. Und nun war es also soweit. Kerstin stellte ihren kleinen Eimer bereit, dazu legte sie ein paar Plastikhandschuhe, die sie von ihrer Mutter bekommen hatte.

„Kröten sondern oft einen Schleim ab", erklärte diese. „Davon kann man Ausschlag bekommen. Aber Angst brauchst du nicht zu haben vor den Tieren. Sie sind ganz harmlos."

Kerstin wußte nicht, ob sie sich trauen würde, Kröten anzufassen. Sie hatte schon welche gesehen. Im Sommer waren sie abends mal bis auf die Terrasse gekommen. Sonst hielten sie sich dort

101

auf, wo es feucht war, am kleinen Gartenteich. Aber bei den Krötenwanderungen waren es ja nicht nur drei oder vier, sondern viele hundert Kröten.

Kerstin fragte ihre Mutter weiter aus: „Warum müssen die Kröten denn zum Teich? Sie könnten doch auch im Wald bleiben, da ist es doch auch meistens feucht."

„Sie können nur im Wasser ihre Eier ablegen. Dazu sagt man: Sie laichen.

Und später suchen sich die Kröten ihre Nahrung auf den Wiesen und Feldern. Sie jagen Insekten. Deswegen sind sie sehr nützlich. Hast du schon mal beobachtet, wie schön ihre Augen sind? Richtig bernsteingelb."

Kerstin nickte zwar, aber sie dachte dabei: „Sonst sind sie aber häßlich. Ich könnte ihnen keinen Kuß geben wie die Prinzessin dem Froschkönig."

Abends gegen neun Uhr machten sie

sich dann auf den Weg zum Krötenzaun. Sie waren nicht allein, schon unterwegs trafen sie Leute aus der Nachbarschaft. Alle hatten Eimer dabei und auch Handschuhe. Es war, als wollten sie alle zu einem Fest gehen, so lustig waren sie.

Der Krötenzaun war etwas außerhalb des Ortes, dort wo es vom Wald zum Teich ging. Kerstin und ihre Eltern waren nicht die ersten.

„Graulst du dich, so eine Kröte anzufassen?" fragte Kerstins Freund Willi.

„Weiß nicht, hab's noch nicht probiert."

Kerstins Vater gab ihr nun eine Taschenlampe. Im Scheinwerferstrahl sah sie entlang des niedrigen Zaunes die ersten Kröten sitzen. Manche trugen eine zweite Kröte auf dem Rücken wie einen Rucksack.

„Das sind Männchen", erklärte Willi. „Hat mir meine Oma schon erzählt. Wir müssen jetzt die Kröten rübertragen auf die andere Straßenseite. So werden sie nicht von den Autos überfahren."

Kerstin bückte sich, um die erste Kröte in ihren Eimer zu heben. Aber so leicht war das gar nicht. Ein paarmal zog sie die Hand wieder zurück. Sie wußte zwar, daß Kröten nicht springen können, sonst könnten sie ja über den niedrigen Zaun hüpfen, aber sie traute sich trotzdem nicht gleich, eine anzufassen.

„Nur keine Angst, Kerstin. Schau, mach es wie ich." Die ruhige Stimme ihrer Mutter machte ihr Mut. Kerstin sah, wie ihre Mutter beherzt zufaßte und die

Kröte in ihren Eimer setzte. Dann noch eine und noch eine…

Da bekam auch Kerstin Mut. Sie faßte eine Kröte in der Mitte an und ließ sie in ihren Eimer fallen. Bei der nächsten ging es schon viel besser. Als sie ein halbes Dutzend Tiere im Eimer hatte, trug sie ihn über die Straße und kippte ihn ins Gras. Das tat sie an diesem Abend noch einige Male, bis ihre Eltern sagten:

„So, das ist genug für heute. Hast dich tapfer gehalten, Kerstin."

„Willi kann jedenfalls nicht behaupten, daß ich feig war", dachte Kerstin.

„Warum laufen denn die Kröten nicht schnell über die Straße?" wollte sie noch wissen. Sie war überhaupt nicht müde, obwohl es schon nach zehn Uhr war.

„Sie wärmen sich den Bauch", erklärte ihr die Mutter. „Vom Winterschlaf sind sie noch ganz steif. Und der Asphalt wird ja jetzt von der Frühlingssonne schon ganz schön warm. Abends und morgens wandern sie dann zu ihrem Laichgebiet. Manchmal dauert das ein paar Tage, weil es oft mehr als tausend Kröten sind."

„Gehen wir morgen abend wieder Kröten sammeln?" fragte Kerstin.

Ihr Vater lachte. „Das könnte dir so passen, jeden Abend so lange aufbleiben! Nein, wir wechseln uns ab. Morgen sind andere Familien dran."

„Schade", dachte Kerstin. „Ich graule mich überhaupt nicht mehr vor Kröten. Und sie haben wirklich schöne Augen. Wie Bernstein."

Der Oma-Opa-Tag

„Es gibt Muttertag, es gibt Vatertag – warum gibt es keinen Oma-Opa-Tag?" Claudia hat manchmal schon sonderbare Fragen. Und dann bohrt sie so lange, bis sie eine Antwort bekommen hat, mit der sie zufrieden ist.

„Oma ist meine Mutter und Opa mein Vater", sagt ihre Mutter. „Und bei Vatis Eltern ist das genauso. Warum also noch ein Oma-Opa-Tag?"

„Weil ihr keine Kinder mehr seid", sagt Claudia. „So wie ich. Also, Mama, warum gibt es keinen solchen Tag?"

Claudias Mutter ist ratlos. „Darüber habe ich noch nicht nachgedacht. Und sicher haben andere Leute sich darüber auch noch keine Gedanken gemacht."

„Eben!" sagt Claudia. Sie denkt sehr lange nach. Dann fragt sie: „Wäre der dreißigste September ein guter Tag dafür?"

„Wofür?" Claudias Mutter hat längst die Sache mit dem Oma-Opa-Tag wieder vergessen.

Claudia aber ist von ihrem Einfall begeistert. Der dreißigste September ist nämlich in einer Woche. „Und außerdem gibt es da noch schöne Blumen. Ich male gleich Einladungen dafür."

„Willst du deine Omas und Opas zu dir einladen?"

„Nein, ich will – eigentlich..."

Darüber hat sich Claudia noch keine Gedanken gemacht. Sie weiß nur, daß sie diesen Tag unbedingt mit ihren Groß-eltern verbringen möchte. Am besten ist es, gleich anzurufen.

„Hallo, Oma! Hier ist Claudia. Ich möchte dir nur sagen, daß am dreißigsten der Oma-Opa-Tag ist. Was möchtest du denn gerne mit mir machen?"

Claudias Oma fragt nicht lange, warum es plötzlich einen Oma-Opa-Tag gibt. „Wie wäre es denn mit Zoo? Oder mit Kindertheater?"

„Beides ist gut", sagt Claudia. „Aber ich muß erst noch mit der Vati-Oma telefonieren."

Die Vati-Oma ist nicht zu Hause. Aber der Vati-Opa ist für Zoo. „Abgemacht. Wir holen dich ab."

„Aber es kommen auch die Mutti-Oma und der Mutti-Opa", sagt Claudia. „Es ist ja Oma-Opa-Tag."

„Na, um so besser. Das wird ein lustiger Nachmittag."

Claudia ist zufrieden, daß sie alles so prima hingekriegt hat.

„Aber bisher ist es doch nur etwas, was du dir gewünscht hast", meint ihre Mutter. „Was hast du dir denn für die Omas und Opas ausgedacht?"

Ja, das hat Claudia eigentlich in ihrer Freude ganz übersehen.

„Blumen für die Omas", sagt sie. „Und für die Opas vielleicht..." So lange sie auch nachdenkt, es fällt ihr nichts ein, womit sie den Opas eine Freude machen könnte. Blumen sind zwar bestimmt schön, aber wenn man sie den ganzen

Nachmittag im Zoo herumschleppt, verwelken sie sicher bald.

Ihr scheint der Gedanke vom Oma-Opa-Tag plötzlich gar nicht mehr so gut. Sie hat mehr an Spaß gedacht, an Spaß auch für sich selbst.

Claudias Mutter aber hat längst bemerkt, wie schwierig es ist, sich was Besonderes auszudenken. „Wie wäre es denn, wenn du ein Gedicht lernst, eines, das die Omas und Opas früher auch mal in der Schule aufsagen mußten, oder du spielst ihnen ein Lied auf deiner Blockflöte vor."

Claudia fällt ihrer Mutter glücklich um den Hals. „Du weißt doch immer einen Rat. Ich denke, das wird ein superprima Oma-Opa-Zoo-Gedicht-Lied-Tag. Vielleicht melden wir den Oma-Opa-Tag sogar für den nächsten Kalender an. Dazu schreiben wir dann: Erfunden von Claudia."

„Ja, das wäre mal was Neues!" Claudias Mutter lacht.

Claudia aber sucht in Büchern Gedichte. Sie sucht in alten Schulbüchern, die Mutti in einer Kiste auf dem Boden aufgehoben hat. Eines gefällt ihr besonders gut. Es heißt: ‚*Das Riesenspielzeug*'.

Claudia nimmt das Buch mit in ihr Zimmer und lernt das Gedicht auswendig. Und weil in dem Buch auch andere schöne Gedichte sind, liest sie die auch. Beim Flötenständchen hat sie gar keine Schwierigkeiten. Sie kann viele Lieder ohne Noten spielen.

Als der dreißigste September herankommt, zieht Claudia nachmittags ihr Sonntagskleid an, obwohl es mitten in der Woche ist. Sie hat für die Omas Blumen aus dem Garten gepflückt, und die stellt sie in eine Vase. Die Mama hat nämlich die Omas und Opas noch zum Kaffeetrinken und Kuchenessen eingeladen. Nach dem Zoobesuch haben sie bestimmt Appetit darauf. „Und da werde ich mein Gedicht aufsagen und mein Lied spielen", sagt Claudia. Sie verrät aber nicht, daß sie heimlich einen Text verfaßt hat. Es soll der Oma-Opa-Tag-Song werden. Und den können bestimmt alle schnell mitsingen. Auch die Mutti und der Vati.

Der doppelte Traumsand

Manchmal geschehen die seltsamsten Dinge. Und oft wäre es den Betroffenen lieber, niemand wüßte etwas davon.

So erging es auch dem Sandmann Heinrich. Zugegeben, er ist von Zeit zu Zeit etwas zerstreut, er merkt sich auch manches nicht so gut. Und gar zu gerne läßt er sich ablenken. So auch an jenem Abend, von dem jetzt die Rede sein soll.

Sandmann Heinrich hatte damals große Eile, die Kinder zum Schlafen zu bringen. Im Fernsehen lief nämlich die Übertragung des Fußballspieles zwischen dem Sportklub Wichtelhausen und der Spielvereinigung Sandmannsdorf. Heinrich hatte sich alles genau ausgerechnet: Er könnte es während der Halbzeit der Fußballübertragung schaffen, die Kinder in der einen Stadthälfte zu versorgen. Und er schaffte es auch.

Abgehetzt kam er wieder zu Hause an und sank erschöpft in seinen bequemen Fernsehsessel.

„Die Kinder der anderen Stadthälfte werden sicherlich nichts dagegen haben, wenn sie heute ausnahmsweise mal fünfundvierzig Minuten später einschlafen", dachte er.

Aber ausgerechnet bei diesem Spiel gab es eine Verlängerung. Sandmann Heinrich wurde ganz kribbelig. Aus den fünfundvierzig Minuten wurde eine Stunde und noch eine Viertelstunde dazu. Endlich stand der Sieger fest. Die Spielvereinigung Sandmannsdorf gewann 3:2. Sandmann Heinrich war zufrieden. Es hätte ihn schon sehr gewurmt, wenn der Sieg an die Wichtelmänner gegangen wäre.

Er schulterte sein Sandsäckchen und machte sich auf den Weg. Aber überall, wo er hinkam, schliefen die Kinder schon.

„Sicher ist sicher", dachte er. Und so schüttelte er über den Kinderbetten sein buntes Traumtaschentuch aus, in dessen Falten der Sand mit den schönsten Träumen saß.

Als der Sandmann Heinrich schon dachte, er habe seine Arbeit beendet, sah er in der anderen Stadthälfte in einigen Kinderzimmern noch Licht. Er schaute nach. Und was er da sah, erschreckte ihn sehr: Katrin spielte noch mit ihren Puppen, Mirco saß vor dem Fernseher, Susanne las in ihrem Märchenbuch, und Moritz wälzte sich von einer Seite auf die andere, weil er nicht einschlafen konnte.

„Was ist denn mit euch los, Moritz?" fragte der Sandmann. „Warum schlaft ihr nicht?"

„Du kommst aber auch spät heute!" meinte Moritz vorwurfsvoll. „Morgen haben wir Wandertag, und ich kann einfach nicht einschlafen."

Jetzt wußte Sandmann Heinrich, was geschehen war: Er hatte die Stadtteile verwechselt, weil er zuviel an das spannende Fußballspiel gedacht hatte! Katrin, Mirco, Susanne und all die anderen Kinder, die noch wach waren, bekamen natürlich schleunigst ihren Traumsand. Aber weil an diesem Abend manche Kinder eine doppelte Portion bekommen hatten, rieben sie sich am andern Morgen ganz verschlafen die Augen und wollten nicht aus den Federn.

Sandmann Heinrich ist aber wirklich oft sehr zerstreut. Drum wundert euch nicht, wenn ihr morgens mal wieder nicht aus den Federn kommt.

Da hat Sandmann Heinrich sicher wieder die beiden Stadthälften verwechselt und euch eine doppelte Portion Traumsand in die Augen gestreut.

Blasius der 333.

Blasius, der 333. König aller Seifenblasen, hatte große Sorgen. Nur dreihundertdreiunddreißigmal durfte er platzen. Dann war seine Regierungszeit vorbei. Aber leider konnte Blasius nicht gut zählen, und so wußte nur der Geheime Platzmeister, wie oft der König schon geplatzt war. Aber fragen durfte Blasius ihn nicht.

Die Königin gab ihm den Rat, den Geheimen Platzmeister zu überlisten. Der Rat war gut. Aber wie sollte Blasius das anstellen?

Der Königin fiel auch nichts dazu ein. „Wozu bist du König!" sagte sie. „Denk nach!"

Blasius der 333. zog sich auf seinen Thron zurück und wünschte von niemandem gestört zu werden. Drei Tage und drei Nächte und drei Stunden und dreiunddreißig Minuten dachte er nach. Dann sprang er von seinem Nachdenke-

thron auf und schrie durch seinen Seifenschaumpalast: „Ich hab' es! Ich weiß es ..."

„Psst!" flüsterte die Königin. „Wenn du so weitermachst, weiß bald jeder Minister Bescheid. Und der Geheime Platzmeister sowieso."

Da flüsterte Blasius der 333. seiner Gemahlin ins Ohr, was er sich ausgedacht hatte: „Ich brauche eine unplatzbare Hülle."

„Nicht schlecht", sagte die Königin. „Aber gefälligst nicht nur für dich, mein lieber Gemahl. Denke auch an mich und deine drei Söhne und unsere Tochter. Denkst du, wir wollen platzen?"

Der Seifenblasenkönig nickte zustimmend. „Natürlich für euch auch. Mach dir keine Sorgen mehr, das kriege ich schon in den Griff."

Aber die Königin machte sich Sorgen,

denn wenn ihr Gemahl allzu sicher war, daß er etwas in den Griff bekam, dann ging es meistens schief. Sie beschloß, in dieser Sache auch selbst nachzudenken. Und da Blasius keinen einzigen guten Gedanken mehr hatte, sagte sie: „Ziehe doch den Mathias zu Rate. Dem gehört doch der blaue Milchtopf mit den weißen Punkten, aus dem er uns immer in die Luft bläst."

Blasius war einverstanden. Und bald bot sich ihm die Gelegenheit, mit Mathias zu reden.

„Höre, du Menschenkind. Du sollst mir etwas verschaffen", sagte er. Dabei schwoll er zur Größe eines Fußballs an, der in allen Farben schillerte.

Mathias lachte, als er den kugeligen Blasius in der Seifenblase entdeckte. Alles an ihm war rund und aus Seifenschaum zusammengesetzt.

„Und was willst du von mir?" fragte Mathias respektlos.

„Eine unplatzbare Hülle!" Blasius wollte keine Zeit verlieren, deshalb kam er gleich zur Sache.

„Und was krieg' ich dafür?" Mathias machte auch keine langen Umschweife.

Blasius der 333. dachte nach. „Wie wäre es mit hundert Kugeln Himbeereis? Oder meinetwegen auch Vanille oder…"

„Nein, nein", sagte Mathias. „Himbeereis wäre bei der Hitze gerade richtig.

Aber woher willst du das nehmen? Womöglich bist du inzwischen geplatzt, und ich kriege das Eis nicht."

„Das laß meine Sorge sein! Schließlich bin ich König", sagte Blasius hoheitsvoll. „Also, laß dir was einfallen. Aber schnell."

So schnell ging das aber doch nicht, weil dem Seifenblasenkönig überhaupt keiner der Vorschläge gefiel, die Mathias ihm machte: weder die Christbaumkugeln noch der Fußball und schon gar nicht der große Luftballon vor dem Kaufhaus. Erst ein riesiger Heißluftballon, der am Himmel schwebte, fand vor seinen Augen Gnade.

„Den will ich!" befahl er. „Und noch einen für die Königin und drei für meine Söhne und einen für..."

„Halt!" sagte Mathias. „Erst wolltest du nur eine unplatzbare Hülle, und jetzt sind es schon sechs. Außerdem geht das nicht mit dem Heißluftballon, da klebst du fest und bist im Nu eingetrocknet. Außerdem – erst will ich als Vorschuß etwas Himbeereis."

Darauf konnte Blasius erst mal nicht antworten, denn er war ein weiteres Mal geplatzt. Mathias tauchte seinen Strohhalm erneut in den blauen Milchtopf mit den weißen Punkten, um den Seifenblasenkönig zurückzuholen. Aber da kam seine Mutter und stellte ihm eine kleine Schale mit Himbeereis auf den Balkontisch.

„Guten Appetit, Mathias", sagte sie. „Bei der Hitze gerade das richtige, nicht wahr?"

Mathias kniff erst einmal die Augen zu. Himbeereis! Konnte dieser Blasius tatsächlich solche Wünsche erfüllen? Das war doch gar nicht möglich.

„Ich hab' wohl einen Sonnenstich!" dachte Mathias.

Bevor er Blasius zurückholte, löffelte er erst einmal das Eis aus. Dann blies er in den Strohhalm, doch Blasius kam nicht wieder, so oft es Mathias auch versuchte.

Aber am blauen Himmel schwebten sechs bunte Heißluftballons.

Torkelfanten

Abends ist wieder eine Afrikageschichte dran.

„Hast du auch oft Elefanten gesehen?" fragt Timo seinen Vater.

„Nicht nur Elefanten, sondern auch Torkelfanten."

Timo lacht, denn er weiß, daß nun eine lustige Geschichte dran ist. „Torkelfanten?"

Timos Vater denkt eine Weile nach. „Als ich noch in Afrika war", erzählt er, aber er wird sofort von Timos Mutter unterbrochen.

„Papa war nie in Afrika!"

Das stört Timo nicht. Ihm geht es ja nur um die Geschichte. „War da Charly auch dabei? Und der Hubschrauber?"

„Klar. Ohne Charly hätte ich das ja gar nicht erleben können. Und ohne Hubschrauber hätten wir uns beide nicht an die Torkelfanten rangewagt. Denn es waren auch Löwen dabei und Affen. Charly kam an diesem Tag ganz aufgeregt angerannt und rief schon von weitem: ‚Schnell, schmeiß deinen Hubschrauber an! Wir müssen sofort starten. So was hast du noch nie gesehen!'

Natürlich war ich neugierig. Charly kam nie wegen einer Kleinigkeit. Er war ganz außer Atem, als er mit mir in den Hubschrauber stieg und nur in die Richtung zeigte, in die ich losfliegen sollte. Ich hatte mir in aller Eile noch die Kamera geschnappt, aber leider waren wir schon eine ganze Weile unterwegs, als ich feststellte, daß ich keinen Ersatzfilm dabeihatte.

Plötzlich zeigte Charly nach unten. Ich verringerte die Flughöhe, weil ich das, was ich unter uns sah, kaum glauben konnte: Elefanten, Löwen, Affen und noch andere Tiere schwankten unter uns dahin, kippten um, rappelten sich wieder auf, fielen wieder hin.

‚Da muß ein Tierarzt her!' sagte ich entsetzt. ‚Die sind vergiftet worden!'

Zappelnd fiel wieder einer der Dickhäuter um, und den anderen Tieren ging es nicht anders. Ich flog eine Kurve und griff schon nach dem Funkgerät, um die Wildhüterstation anzurufen. Da fiel Charly in ein fürchterliches Gelächter und konnte gar nicht wieder aufhören.

‚Was ist?' fragte ich. ‚Warum lachst du? Die Sache ist bitterernst. Da unten sterben Dutzende von Tieren!'

Charly konnte sich gar nicht beruhigen. Schließlich sagte er: ‚Die sind besoffen! In ein paar Stunden sind die wieder okay.'

‚Wovon?' fragte ich. Ich konnte mir nicht vorstellen, daß irgend jemand ganze Badewannen voll Schnaps in die Steppe geschleppt hatte, um die Tiere betrunken zu machen.

Ich flog noch ein paar Runden, und nun bedauerte ich es sehr, daß ich in der Eile versäumt hatte, einen neuen Film einzulegen. Als ich mich davon überzeugt hatte, daß den Tieren wirklich kein Schaden zugefügt worden war, machten wir uns auf den Rückflug. Jetzt wollte ich natürlich des Rätsels Lösung von Charly erfahren.

‚Die haben alle von den Früchten gefressen, die überreif von den Bäumen gefallen waren und schon gärten', erklärte Charly. ‚Und das waren große Mengen. In den Mägen der Elefanten mag es ganz schön rumpeln...'

Nun war ich beruhigt, daß den Tieren nichts fehlte. Wir haben sehr gelacht, Charly und ich, als wir uns Namen ausdachten: Affenaffen, Giraffenaffen, Torkelfanten."

Nun lachen auch Timo und seine Mutter.

„Was dir so alles einfällt!" sagt sie.

Timo träumt in dieser Nacht von Torkelopen, Zebraffen und von vielen Torkelfanten, die auf dem Rücken liegen und mit den Beinen strampeln.

Die Schneefrau

Über Nacht war aus dem Schneemann eine Schneefrau geworden. Rieke lachte, als sie die Verwandlung sah.

„Wer hat das gemacht, Mutti? Hast du gesehen, wer deine Schürze um den Bauch der Schneefrau gebunden hat?"

Riekes Mutter hatte die Schürze noch gar nicht vermißt. Aber sie lachte auch. „Vielleicht hat sich Vati einen Spaß gemacht?"

Es blieb jedoch nicht bei der Schürze, die aus dem Schneemann eine Schneefrau gemacht hatte. Bald hatte die Schneefrau einen abenteuerlichen Hut auf dem Kopf, dann gesellte sich eine Handtasche dazu, und mittags hing eine Kette um ihren Hals, und die Ohren waren mit zwei knallroten Ohrsteckern verziert.

„Die Schürze paßt nicht mehr dazu", meinte Rieke. „Sie müßte einen Rock bekommen und ein Halstuch."

Und weil die Sonne gerade so schön vom Himmel auf die Schneefrau schien, setzte ihr irgend jemand sogar eine Sonnenbrille auf die Nase, die natürlich schneefraugemäß aus einer leuchtendroten Möhre bestand.

Die Schneefrau schien allen Leuten in der Straße Spaß zu machen. Es gab kaum jemanden, der nicht stehenblieb und sie betrachtete. Die meisten schmunzelten, wenn sie dann weitergingen.

Rieke dachte: „Eine Schneefrau allein langweilt sich."

Sie klingelte ihre Freundin Gretchen heraus und besprach mit ihr, wie man der Schneefrau Gesellschaft verschaffen könnte. In der Straße war nämlich kein sauberer Schnee mehr. Und aus grauem Matschschnee wurde gewiß kein schönes Schneekind.

Heiner wußte Rat. „Im Garten hinter unserem Haus gibt's noch jede Menge weißen Schnee. Wir packen ihn auf den Schlitten und ziehen ihn hierher."

Zwei Stunden später hatte die Schneefrau ihr erstes Kind. Und weil Heiner den guten Gedanken mit dem Schnee gehabt hatte, wurde es ein Junge mit Pudelmütze, Schal und einer Karottenstupsnase.

„Nun auf die andere Seite noch ein Mädchen!" verlangte Rieke.

Wieder wurde Schnee herangefahren und ein Mädchen aus Schnee auf den Fußweg gesetzt. Gretchen brachte ein paar bunte Ohrenschützer und eine Faschingsperücke, die das weiße Schneemädchen schnell in einen poppigen Teenager verwandelten.

Jetzt wollte auch Heiner den Schneejungen knallig aufmotzen. Die Pudelmütze mußte einem blaugrünen Schopf weichen, und den Schal tauschte er gegen einen grellbunten Stoffetzen aus.

Um die drei hatten sich noch andere Kinder aus der Straße versammelt. Bald brachten sie noch weitere Utensilien an, so daß es für mindestens zehn Schneefrauen, Schneemänner und Schneekinder gereicht hätte. Und so wurde ausprobiert, was am lustigsten aussah, und schließlich noch ein Schneemann dazugebaut.

Als Riekes Vater nach Hause kam, staunte er: „Was habt ihr denn aus der schönen Schneefrau gemacht, die heute früh hier stand?"

„Gefällt sie dir jetzt nicht mehr?" fragte Rieke hinterlistig. Sie hatte längst geahnt, daß ihr Vater aus dem Schneemann eine Schneefrau gemacht hatte. „Ich finde, sie ist doch eine Superschneefrau geworden. Auch ohne Mamas Küchenschürze."

Das mußte Riekes Vater zugeben. Denn eine Schneefrau von heute braucht wirklich mehr als eine Küchenschürze.

Der fünfte Zwerg

Eines Morgens, als die sieben Zwerge ihre Hacken und Schaufeln schulterten, um in ihre Erzgrube hinabzusteigen, stellte der fünfte Zwerg plötzlich seine Hacke hin.

„Jeden Tag dasselbe", sagte er mürrisch. „Seit Schneewittchen den Prinzen geheiratet hat, ist bei uns nichts mehr los. Nicht mal die Königin läßt sich blicken, um ihre giftigen Äpfel hier loszuwerden!"

Das war die allerlängste Rede, die der fünfte Zwerg je gehalten hatte. Ratlos standen die sechs anderen um den fünften herum.

„Der ist übergeschnappt!" stellte der siebte Zwerg fest. „Wir haben nie etwas anderes gemacht, als Erz aus dem Berg zu graben. Und die Sache mit Schneewittchen war doch nur eine Ausnahme."

„Eben", sagte der fünfte Zwerg. „Und solche Ausnahmen sollte es immer mal geben. Könnt ihr mir mal sagen, wozu wir seit Jahrhunderten . . ."

Was der fünfte Zwerg noch sagen wollte, hörten sich die anderen gar nicht mehr an. Der siebte Zwerg, der immer gesagt hatte, was zu tun sei, war einfach losgestiefelt, und die anderen liefen hin-

117

terher. Nun stand der fünfte Zwerg allein im Zwergenhaus und wußte nicht, was er tun sollte.

Zuerst legte er sich wieder ins Bett. Das machte eine Weile ganz schön Spaß. Er stellte sich vor, wie die anderen sich damit abplagten, das Erz loszuhacken und wegzuschaufeln. Er räkelte und dehnte sich, und beinahe hätte er ein kleines Nickerchen gemacht, wenn ihm nicht der Magen geknurrt hätte.

Frühstückszeit.

Der fünfte Zwerg stieg aus seinem Bett und machte sich Müsli. Und weil der Oberzwerg nicht meckern konnte, nahm er sich eine doppelte Portion Zucker und ganz viele Rosinen.

Als er fertig war, schaute der fünfte Zwerg zur Uhr. Es war erst neun Uhr morgens. Bevor die anderen Zwerge von der Arbeit zurückkamen, war noch viel Zeit. Und so beschloß der fünfte Zwerg, etwas zu unternehmen. Es sollte etwas ganz Außergewöhnliches sein, zum Beispiel Schneewittchen und ihren Prinzen besuchen.

Dem fünften Zwerg fiel aber ein, daß Schneewittchen gar nicht zu Hause war, weil sie ja einen Königinnenlehrgang besuchte. So ein Beruf war nämlich gar nicht leicht.

Aber die Stiefmutter von Schneewittchen, die hinter den sieben Bergen in ihrem Schloß wohnte, war bestimmt nicht auf einem Lehrgang. Die konnte das schon, was einer zukünftigen Königin dort beigebracht wurde. Außerdem war sie meistens zu Hause. Sie hatte Pro-

bleme mit ihren Füßen, nachdem sie sich bei Schneewittchens Hochzeit mit den glühenden Pantoffeln fast zu Tode getanzt hätte. Die Medien verbreiteten sogar, daß sie gar nicht mehr am Leben sei.

Der fünfte Zwerg machte sich also auf den Weg. Unterwegs traf er den Jäger, der ihm abriet, ins Schloß zu gehen. Aber das schreckte den fünften Zwerg nicht.

Die eitle Königin befragte gerade wieder ihren Spiegel, wer denn nun die Schönste im ganzen Land sei.

„Schneewittchen!" sagte der fünfte Zwerg anstelle des Spiegels. „Aber du bist auch sehr schön, Königin. Nur anders – schön."

Das gefiel der eitlen Königin, weil ihr der Spiegel immer vorhielt, Schneewittchen sei die Allerschönste.

„Willst du einen Apfel?" bot sie dem fünften Zwerg an. „Ich schwöre, der ist nicht vergiftet. Und außerdem könntest du bei mir bleiben, als Hofzwerg. Ich kann einen brauchen."

„Nein, nein!" sagte der fünfte Zwerg schnell. Und er sagte das Nein gleich zweimal, weil er weder einen Apfel essen noch als Hofzwerg bei der Königin bleiben wollte.

„Ich wollte nur mal sehen, was du so den ganzen Tag machst", sagte er.

Die Stiefmutter von Schneewittchen gähnte. „Fernsehen, was soll ich sonst mit den kaputten Füßen machen?" Sie nahm die Fernbedienung von ihrem Spiegeltisch und schaltete den Fernseher ein. „Da – nicht mal da ist was los!

118

Werbung! Und dazwischen die Mainzel-
männchen..."

Der fünfte Zwerg war aber ganz begeistert vom Fernsehen. Er fragte die Königin aus, und die war froh, mit ihren Kennt-
nissen prahlen zu können. Im Zwergenhaus gab es nämlich noch keinen Fernseher.

Als der fünfte Zwerg genug wußte,
machte er sich schnurstracks zum Fern-
sehsender auf. Es war zwar ein sehr weiter Weg, noch mal über sieben Berge und
sieben Brücken, aber der fünfte Zwerg
lief und lief, ohne eine Pause zu machen.
Und dabei träumte er davon, beim Fernsehen als Obermainzelmannzwerg ein-

gestellt zu werden. Schließlich war er ja
ein echter Zwerg, einer von den sieben.
Das konnten sogar Schneewittchen und
ihre Stiefmutter bestätigen. Von seinem
ersten Geld, das er als Zwergenstar
bekommen würde, wollte er sofort einen
Fernseher ins Haus hinter den sieben
Bergen zu den sieben Zwergen schicken
lassen, damit sie ihn bewundern konnten. Aber nein, es waren ja nur noch
sechs. Ob sie wohl einen Ersatz für ihn,
den fünften Zwerg, fänden? Dann
konnte er nicht mehr zurück, denn acht
Zwerge gibt's nicht mal im Märchen.
Dann mußte er immer ein Mainzelzwerg
bleiben...

Die Schattentreter

Marius kommt schrecklich aufgeregt nach Hause. „Die Großen wollen mich kaputtmachen. Nach der Schule lauern sie mir auf, und dann versuchen sie, meinen Schatten zu fangen."

Onkel Konrad ist gerade zu Besuch. „Und? Haben sie deinen Schatten schon mal erwischt?"

„Nein. Ich renne immer davon. Sie sagen, daß sie auf den Schatten treten, und dann müßte ich immer das tun, was sie von mir verlangen. Und wenn ich es nicht tue, treten sie ihn kaputt."

„Das ist doch Unsinn", sagt die Mutter von Marius. „Damit wollen sie dir doch nur Angst einjagen."

Aber Marius läßt sich nicht beruhigen. Ihm ist es bisher nur gelungen, davonzulaufen, weil der Schatten mittags nach Schulschluß so klein ist. Aber nachmittags oder gar gegen Abend traut er sich gar nicht mehr aus dem Haus, weil da sein Schatten sehr groß und lang ist. Das wäre eine Kleinigkeit für die Schattentreter.

Onkel Konrad überlegt, wie er Marius helfen kann. Natürlich weiß er, daß die Großen die Kleinen immer ärgern und ihre Späße mit ihnen treiben. Aber er will Marius beweisen, daß das mit dem Schattenfangen gar nicht geht. Nur wie?

Am Nachmittag zieht Regen auf. Die Sonne hat sich hinter dunklen, grauen Wolken verkrochen. Kein Schatten ist zu sehen. Da zieht Marius seine Gummistie-fel an und rennt hinaus. Er ist fröhlich und ohne Angst, denn er braucht sich nicht um seinen Schatten zu ängstigen. Der ist einfach nicht da. Abends sagt er seufzend: „Es wäre schön, wenn es morgen wieder regnet."

Onkel Konrad zieht die Stirn in Falten und denkt noch mehr nach. Irgendwie muß Marius doch von seiner Angst geheilt werden. Schatten einfangen! Wo gibt's denn so was?

Am nächsten Tag aber scheint die Sonne wieder vom strahlendblauen Himmel. Bedrückt macht sich Marius auf den Schulweg. Und Onkel Konrad fällt nichts anderes ein, als ihn mittags von der Schule abzuholen. Als Marius nach seinem Schatten schaut, sieht er, daß der wirklich ganz klein ist. Also, wer darauf rumtrampeln will, der muß schon sehr nahe an ihn herankommen. Das soll sich erst mal jemand trauen!

Nachmittags lädt Onkel Konrad seinen Neffen Marius ein, mit ihm spazieren-zugehen. Marius fühlt sich sicher, wenn sein Onkel dabei ist. Da wird sich keiner trauen, seinen Schatten zu fangen.

Sie gehen zum Fluß hinunter und werfen flache Steine hinein. Manchmal gelingt es auch, daß einer zwei- oder drei-mal springt, bevor er im Flußwasser untergeht. Marius bemerkt gar nicht, wie in der Nachmittagssonne sein Schatten immer länger wird. Onkel Konrad über-listet ihn.

„Stell dich mal ganz knapp hinter mich", fordert er ihn flüsternd auf. Marius wittert ein Geheimnis und tut, was Onkel Konrad verlangt. Der dreht sich schnell zu Marius um und sagt: „Geh von meinem Schatten runter!"

Erschrocken springt Marius zur Seite. „Entschuldigung", stammelt er. „Es war nicht mit Absicht."

„In Ordnung", sagt Onkel Konrad. „Da trete ich eben mal auf deinen Schatten, und wir sind quitt."

Marius traut sich kaum, hinter sich zu schauen, als Onkel Konrad sich auf seinen Schatten stellt. Aber er spürt nichts. Absolut nichts.

„Halt ihn mal fest!" bittet er.

„Das geht nicht, Marius. Man kann sich zwar auf den Schatten stellen, aber niemand kann ihn festhalten. Du kannst selbst auch nicht darüber springen. Den Schatten kann niemand fangen."

Marius probiert noch viel mit seinem und Onkel Konrads Schatten aus. Jetzt weiß er: Angst braucht er nicht mehr zu haben.

121

Der Klumpatsch

Im Haus unter dem Dach wohnt der Klumpatsch. Es ist ein sehr großes Haus, und der Dachboden hat viele Verstecke für den Klumpatsch. Er darf sich nicht erwischen lassen. Vor allem nicht vom Hausmeister. Der regt sich nämlich immer fürchterlich über die Streiche von Klumpatsch auf.

Der Klumpatsch ist total versessen darauf, überall dort seine Pfoten drin zu haben, wo es richtig schön matscht.

Wenn irgendwo jemand Kuchen bäckt, hat der Klumpatsch prompt seine Pfoten im Teig. Oder wenn ein Wassereimer rumsteht, dann sieht man die tropfnassen Spuren von Klumpatsch im ganzen Haus. Badewannen überlaufen lassen, das kann er auch prima. Oder Ketchup umschmeißen. Am allerschönsten ist es aber, wenn die Maler im Haus sind. Da ist der Klumpatsch der glücklichste Hausgeist in der ganzen Stadt.

Nur gesehen hat den Klumpatsch noch niemand so richtig. Wenn sich Menschen nähern, kann er sich unsichtbar machen. Aber leider nur dreimal am Tag.

Hausmeister Krausling hat die Streiche von Klumpatsch satt.

„Warum muß gerade in unserem Haus der dreckigste aller Hausgeister sein Unwesen treiben!" stöhnt er, wenn wieder einmal viele Tapser im saubergewischten Hausflur zu sehen sind. Er stöhnt manchmal so sehr, daß es selbst dem Klumpatsch zu Herzen geht. Dann nimmt er sich für die nächsten drei Stunden zusammen.

Als das Haus renoviert werden soll, ist der Klumpatsch ganz aufgeregt vor Freude. Diese vielen Farbeimer! Überall stehen sie herum, nicht mal nachts werden sie weggeschlossen!

Aber Klumpatsch wird eingeschlossen. Der Hausmeister befürchtet nämlich, daß Klumpatsch zu viel Unfug anrichtet. Deshalb schließt er die Bodentür ganz einfach ab.

„Das ist gemein", denkt Klumpatsch erbost. „Für einmal durch die Wand gehen brauche ich genausoviel Zauberkraft wie für dreimal unsichtbar werden." Er rüttelt an der Tür. Er versucht, sich durch die engen Dachfenster zu zwängen, aber so kommt er nicht hinaus. Also muß er doch durch die Wand gehen, obwohl er dann einen ganzen Tag warten muß, um sich unsichtbar davonmachen zu können.

Aber es hat sich gelohnt! Mit beiden Pfoten langt Klumpatsch in die Farbeimer. Er schmiert die Farben in sein dunkelbraunes Fell und bekleckert nach Herzenslust den Fußboden, die Wände und vor allem sich selbst mit allem, was ihm unter die Pfoten kommt. Niemand stört ihn bei seiner herrlichen Beschäftigung, denn es ist nachts, und die Hausbewohner schlafen natürlich fest. Nicht einmal Hausmeister Krausling ist wach. Klumpatsch veranstaltet ein richtig großes Kleckerfest.

Aber das macht sehr müde. Und weil ihn niemand am Kleckern hindert, macht es schließlich überhaupt keinen Spaß mehr.

Klumpatsch setzt sich in eine Ecke und schläft ganz fest ein.

Er wird erst munter, als am nächsten Morgen die Maler ihre Arbeit beginnen. Aber welch ein Schreck! Er kann sich nicht bewegen! Die Farbe ist an ihm festgetrocknet und hart wie Beton. Und nicht einmal unsichtbar kann er sich machen, denn die Zeit ist noch nicht um.

Die Maler aber erkennen Klumpatsch nicht unter der vielen Kleckerfarbe. Sie denken, der bunte Fellhaufen sei ein alter Sack, der in den Müll gehört. Und so landet Klumpatsch dann auch wenig später im Müllcontainer. Er steht Qualen aus, als er steif und unbeweglich daliegen muß, bis er sich endlich wieder unsichtbar machen kann. Und einmal, als der Hausmeister zum Müllcontainer kommt, ist es Klumpatsch, als ob der schadenfroh grinst.

„Ich werde nie mehr kleckern!" schwört sich Klumpatsch. „Nie mehr!"

Der Blumendieb

Jeden Tag fehlte eine Blume im Vorgarten. Und weil es im Frühjahr noch nicht viele gibt, fiel das besonders auf.

Benedikt hatte sich schon seit Ende Februar auf die Narzissen, Osterglocken und Tulpen gefreut, und er hatte sie sogar gezählt, als die ersten Knospen zu sehen waren. Und nun: Jeden Tag fehlte gerade die Blume, die am weitesten aufgeblüht war.

Der Zaun war nicht hoch. Er reichte Benedikt gerade bis zu den Waden. Er konnte bequem darübersteigen. Der Blumendieb natürlich auch.

„Der Zaun müßte viel höher sein", beklagte sich Benedikt bei seinem Vater. „Wir sind doch kein Blumenladen, wo sich jeder holen kann, was er braucht."

Benedikt und seine Eltern waren erst im Herbst des vergangenen Jahres in das neue Haus am Stadtrand gezogen. Er hatte die Blumenzwiebeln selbst in die Erde gesteckt. Nun fühlte er sich um den Lohn seiner Arbeit betrogen. Wenn das jeder machen würde!

Ja, aber wer war der Blumenräuber?

Ganz früh am Morgen paßte Benedikt schon auf, wer am Gartenzaun vorbeiging und ihn beklaute, und am Nachmittag und am Abend lauerte er dem Dieb auch auf. Aber nie konnte er ihn erwischen.

So ging das tagelang, nein, schon über drei Wochen! Am liebsten hätte Benedikt die Schule geschwänzt. Aber da machte seine Mutter nicht mit.

„Wegen der paar Blumen! Vielleicht braucht sie jemand."

„Soll in den Blumenladen gehen!" maulte Benedikt. „Ich kann ja auch nicht

125

beim Bäcker einfach Brötchen wegnehmen."

Je wärmer es wurde, desto schneller blühten die Blumen auf, und Benedikt konnte nicht mehr genau nachzählen, ob da jeden Tag eine Tulpe oder eine Narzisse fehlte. Aber es wurmte ihn sehr, daß er nicht herausgekriegt hatte, wer es gewesen war.

Fast hätte Benedikt das alles vergessen, wenn da nicht der Briefumschlag mit den zehn Mark gewesen wäre. Der hatte an einem Tag im Mai im Briefkasten gesteckt. Mit Blockschrift stand darauf:

Für die Blumen. Entschuldigung. Ich habe sie gebraucht. Dringend.

„Na, das ist ja wohl ein Ding!" Bene-

126

dikt schnaufte vor Aufregung. „Weg ist weg! Ich hatte mich auch darauf gefreut…"

„Du hast ja noch so viele", tröstete ihn seine Mutter. „Und wenn es ein gemeiner Dieb wäre, hätte er sich nicht entschuldigt und die Blumen bezahlt."

Benedikt betrachtete die Schrift auf dem Briefumschlag. Sie war zittrig und ein bißchen altmodisch. Ein Kind hatte das bestimmt nicht geschrieben. Er malte sich aus, wer der Blumendieb gewesen sein könnte und wozu er die schönen Blumen so dringend gebraucht hatte. Vielleicht war jemand krank und sollte jeden Tag eine kleine Freude haben?

Wenige Wochen später lernte Benedikt den Blumendieb kennen. Er dachte wenigstens, daß er es sein könnte. Ein alter Mann schob seine Frau im Rollstuhl an den Häusern vorbei und hielt oft an, um ihr in den Vorgärten die Blumen zu zeigen. Das geschah jeden Nachmittag zur gleichen Zeit.

Benedikt sah, wie sehr sich die Frau über die Blütenpracht in den Gärten freute. Einmal beobachtete er, wie seine Mutter der Frau ein paar Rosen über den Zaun reichte.

„War er das?" fragte Benedikt später seine Mutter.

Die lächelte nur und erwiderte: „Ist denn das so wichtig? Sie freut sich so sehr über Blumen. Weißt du, sie malt wunderschöne Blumenbilder. Und sie haben keinen Garten."

Benedikt dachte an den Briefumschlag: „Ich habe sie gebraucht."

Der verschnupfte Anton

„Hatschi!" macht Sandmann Anton. Immer wieder: „Hatschi!" Mitten im Sommer hat er Schnupfen bekommen. Frau Sandmann macht ihm ein Fußbad, dann muß er den Dampf von Kamillentee einatmen, aber nichts hilft.

„So kannst du heute abend nicht zur Arbeit gehen", sagt sie schließlich. „Erstens könntest du die Kinder anstecken, und zweitens kannst du mit deinem Schnupfen nicht richtig pusten. Stell dir bloß mal vor, du sagst ‚Hatschi' dabei!"

Sandmann Anton sieht das natürlich ein. Aber er kann keine Vertretung auftreiben.

„*Ich* werde dich vertreten!" sagt Frau Sandmann. „Du hast mir schon so viel von den Kindern erzählt, daß ich sie genauso gut kenne wie du. Ich weiß genau, was ich zu tun habe..."

„Nein, das... Hatschi!... nein, das...

Hatschi!... na gut", sagt Sandmann Anton. Recht ist ihm das natürlich nicht. In all den Jahren war er immer pünktlich zur Stelle gewesen. Aber er sieht ein, daß er mit seiner Nieserei schlecht den Traumsand verteilen kann.

Frau Sandmann macht sich abends rechtzeitig auf den Weg. Die geschwätzige Elster schläft schon, und das ist gut so. Es braucht ja keiner zu wissen, daß der Sandmann heute eine Frau ist. Nur der Nachtvogel weiß Bescheid. Und er hat Anton versprochen, seiner Frau zu helfen.

„Warum habe ich das nicht schon öfters gemacht", sagt Frau Sandmann zum Nachtvogel. „Ich finde, das kann ich genauso gut wie die Sandmänner... Vielleicht sogar noch ein bißchen besser..." Der Nachtvogel blinkert dazu freundlich mit seinen leuchtenden

Augen. Ihm gefällt das schon, wie Frau Sandmann behutsam an die Betten der Kinder tritt und sie zum Einschlafen bringt.

Sie kommen an das Haus, in dem Markus mit seinen Eltern wohnt. In seinem Zimmer ist noch Licht, aber Frau Sandmann sieht auch, daß die Lampe mit einem Tuch abgedunkelt ist. Seine Mutter ist bei ihm.

„Der Junge ist krank", erklärt der Nachtvogel. „Er hatte gestern Fieber. Schauen wir mal nach, wie es ihm heute geht."

Was sie sehen, ist nicht gerade beruhigend. Markus dreht sich in seinem Bett von einer Seite auf die andere, sein Kopf glüht vom Fieber. Seine Mutter hat ihm gerade wieder Wadenwickel gemacht. Als sie das Licht löscht und leise aus dem Zimmer geht, setzt sich Frau Sandmann eine Weile an das Bett.

„Hallo, Markus", sagt sie. „Mein Mann ist auch krank, deshalb bin ich heute gekommen. Er hat Schnupfen und macht dauernd ‚Hatschi'."

Markus dreht den Kopf um, so daß er die Frau des Sandmanns Anton besser anschauen kann. „Kannst du auch so schöne Geschichten erzählen wie er?" fragt er neugierig.

„Bestimmt. Vielleicht denke ich mir sogar extra eine Geschichte für dich aus."

Frau Sandmann legt ihre kühle Hand auf die vom Fieber heiße Stirn von Markus. „Besser so?" fragt sie.

„Viel besser. Und nun eine Geschichte – eine, wo es ganz kalt ist..."

Frau Sandmann lächelt. Natürlich weiß sie so eine Geschichte: „In Grönland lebte einmal eine alte Bärenmutter mit ihrem kleinen Bärenkind Jossy. Einmal gerieten die beiden in einen ganz schlimmen Schneesturm. Jossy wollte einfach nicht mehr weiterlaufen, und so verlor er seine Bärenmutter aus den Augen. Er fürchtete sich sehr, und trotz des dicken Pelzes fror er jämmerlich. ‚Hätte ich bloß nicht so getrödelt', wimmerte Jossy. Er rollte sich in einem Schneeloch zusammen und dachte, der Schneesturm würde nie aufhören. Da hörte er ganz nahe ein lautes Brummen. Das konnte nur die Bärenmutter sein! Jossy wollte ihr antworten, aber er war so dick mit Schnee zugeweht worden, daß die Bärenmutter seine schwachen Rufe nicht hörte.

Da strengte sich Jossy gewaltig an und arbeitete sich aus dem hohen Schnee heraus. Der Sturm hatte aufgehört. Und ein Stück vor ihm sah Jossy seine Bärenmutter. Da lief er, so schnell er nur konnte, über das glitzernde, weiße Schneefeld..."

Markus ist inzwischen eingeschlafen. Er träumt die Geschichte von Jossy und seiner Bärenmutter weiter. Frau Sandmann sieht, daß es ein schöner Traum ist, denn Markus lächelt, und seine Stirn ist jetzt schon viel kühler.

Stolz und zufrieden geht die Sandmannfrau dann nach Hause. „Ganz schön anstrengend, so schnell eine kalte Grönlandgeschichte zu erfinden", denkt sie. Und vom Geschichtenerzählen ist ihr nun ganz heiß geworden.

Maxi, das Riesenkind

Vor vielen hundert Jahren lebte einmal eine Riesenfamilie in den Bergen. Der Vater war etwa viereinhalb Meter groß, die Mutter vier Meter, und das Riesenkind wuchs auch jedes Jahr um mindestens dreißig Zentimeter. Jetzt maß es schon über zwei Meter, und es war erst acht Jahre alt.

Sie lebten in einer riesigen Höhle. Aber selbst da wurde es der Riesenfamilie zu eng.

„Wir müssen uns nach einer größeren Höhle umschauen", sagte die Riesin. Aber eigentlich wollte sie am liebsten nicht umziehen, denn sie hatte sich so an diese Höhle gewöhnt, daß es ihr schwerfiel, sich ein Leben anderswo vorzustellen.

Das Riesenkind war ein Mädchen. Aber es wußte nicht einmal, daß es auch Jungen gab, denn noch nie war es einem begegnet. Es kannte nur seine Mutter und seinen Vater. Es hatte auch keinen Namen, denn die Riesin und der Riese nannten es einfach „Kind".

Eines Tages stieg das Riesenmädchen von den Bergen hinunter ins Tal. Und weil es dort so schön sonnig und warm war, ging es weiter, bis es müde war. Dann legte sich das Riesenkind auf eine Wiese und schlief ein.

Es erwachte erst, als es Stimmen neben sich hörte.

„Schau mal, wie groß sie ist!"

Als sich das Riesenmädchen aufsetzte, wichen die beiden Menschen zurück. Aber sie hatten keine Angst.

„Gehörst du zu den Riesen?" fragten sie.

„Ich weiß nicht. Wir wohnen dort oben in den Bergen…", antwortete das Riesenkind verschlafen.

„Dann gehörst du zu ihnen", sagte das eine Menschenkind. „Wir haben schon einmal einen Riesen gesehen. Der war dreimal so groß wie ein Mensch. Aber er hat uns nichts getan, obwohl er so riesig groß war."

Das Riesenmädchen überragte die beiden Menschenkinder auch beträchtlich.

„Ich werde auch noch wachsen", sagte es. „Aber warum sollten wir euch etwas Schlimmes antun?"

Das wußten die beiden Menschenkinder auch nicht. „Vielleicht weil ihr viel größer und stärker seid als wir."

Die drei unterhielten sich noch lange, und das Riesenmädchen lernte an diesem Tag sehr viel. Es verabredete sich für den nächsten Tag mit den Kindern, die Hans und Marie hießen.

„Ich möchte auch einen Namen haben", sagte es am Abend zu den Rieseneltern. „Die Menschenkinder haben Namen, mit denen sie gerufen werden."

„Was brauchst du einen Namen", sagte der Riesenvater. „Bis zur nächsten Riesenfamilie ist es weit. Wer weiß, ob wir die mal zu Gesicht bekommen."

„Das Kind hat recht", widersprach die

Riesenmutter ihrem Mann. „Wie sollen die Menschenkinder sie denn rufen? Sie wird nun nicht mehr so alleine sein wie wir."

Der Riese murmelte etwas in seinen langen Bart hinein. Ihm schien die Sache nicht ganz geheuer. Aber zu ändern war ja nun nichts mehr. Das Kind war den Menschen begegnet. Nun mußte es einen Namen bekommen. Doch einen richtigen Riesennamen zu finden, das war wirklich nicht einfach. Schließlich

hatte er auch keinen Namen und war bisher ganz zufrieden gewesen.

Die Riesin grübelte die ganze Nacht über einen passenden Namen für ihre Tochter nach. Als am Morgen die Sonne aufging, hatte sie einen gefunden.

„Unsere Tochter soll Maximiliane heißen", sagte sie. „Das paßt zu ihr."

Das Riesenmädchen freute sich über den Namen. Und sie war ganz begeistert, als die Menschenkinder sie dann einfach Maxi riefen.

Vier Federn für Frau Holle

Mit sorgenvoller Miene klopfte Frau Holle an das Barometer.

„Die Erde braucht Schnee", dachte sie. „Wenn jetzt Frost kommt, nehmen die Saaten Schaden."

Aber weder die fleißige Goldmarie konnte ihr helfen noch die faule Pechmarie. Es gab einfach nicht genügend Federbetten, die geschüttelt werden konnten. Immer mehr Menschen benutzten Decken aus Kunststoffen. Wo sollte sie da die Federn hernehmen, die sich unter ihrer Schüttelei in weiche Schneeflocken verwandelten?

Frau Holle seufzte tief. Dann öffnete sie das Fenster und legte wenigstens ein paar ihrer prallgefüllten Sofakissen zum Lüften aus. Vielleicht reichte das ja dann

wenigstens für ein kurzes Schneegestöber.

Als sie später wieder zum Fenster ging, um die Kissen ein bißchen zu schütteln, schwebten vier Federn zu Frau Holle ins Wohnzimmer. Sie setzten sich auf den Tisch und plusterten sich auf, bis sie ganz weich waren und selbst durch den kleinsten Atemzug bewegt werden konnten.

„Hallo, Frau Holle!" sagte die größte der vier Federn. „Wir sollen dir Grüße bestellen."

Verwundert blickte Frau Holle auf die vier schneeweißen Federn. Sie hatte lange keinen Besuch gehabt.

„Guten Tag", sagte sie. „Ich freue mich über euer Kommen. Von wem sollt ihr mich denn grüßen?"

Die vier Federn verbeugten sich ein wenig. „Vom Nordwind, vom Südwind, vom Ostwind und vom Westwind."

„Danke", sagte Frau Holle. „Es ist schön, wenn man Grüße bekommt."

„Das ist noch nicht alles", sagte die Südwindfeder. „Wir sollen dir noch sagen, daß wir uns sehr vermehren können. Aus einer Feder werden viele Millionen Schneeflocken – oder noch mehr. Aber so weit konnten die Winde nicht zählen."

Frau Holle freute sich. „Da brauche ich mir ja gar keine Sorgen mehr um den Schnee zu machen. Ich dachte schon, ich müßte meine schönen Sofakissen aufschneiden."

„Nein, das brauchst du wirklich nicht", sagte die Westwindfeder. „Wir sind ja jetzt hier, um dir zu helfen."

Abends wurde es klirrend kalt.

„Ich muß leider schon eine von euch Federn losschicken", sagte Frau Holle bedauernd. „Heute nacht erstarrt alles im Frost. Die Erde braucht Schnee, um die Wintersaaten zu bedecken."

Obwohl es bei Frau Holle sehr gemütlich war und die Bratäpfel in der Ofenröhre dufteten, meldeten sich gleich alle vier Federn.

„Einmal Schnee genügt", sagte Frau Holle. Und sie nahm die Feder, die der Nordwind geschickt hatte. Dann öffnete sie das Fenster und setzte die Feder auf ihren Handrücken.

„Danke, daß du gekommen bist", sagte Frau Holle. „Aber nun bedecke alles mit federleichtem Neuschnee."

Sie blies die Nordwindfeder behutsam von ihrem Handrücken. Doch dann staunte selbst Frau Holle, die doch einiges gewöhnt war, was das Schneemachen betrifft. Im Nu waren aus der einen weißen Feder viele Millionen federleichte Schneeflocken geworden, die nun sanft zur Erde schwebten.

„Die Kinder werden sich auch freuen", dachte Frau Holle, als sie das Fenster wieder schloß. Dann setzte sie sich auf ihr Sofa und stopfte sich ein Kissen ins Kreuz. Sie konnte beruhigt ein Nickerchen machen. Sie hatte ja noch drei Federn, die viel Schnee für den bevorstehenden Winter bringen würden. Und das war gewiß nicht so anstrengend wie das Bettenschütteln, wovon sie immer Kreuzschmerzen bekam.

136

Amanda, die schnellste Schnecke der Welt

Die Schnecke Amanda hatte es satt, von den anderen Tieren wegen ihrer Langsamkeit verspottet zu werden. Selbst die Schildkröten waren schneller als sie. Und so beschloß sie, koste es, was es wolle, etwas dagegen zu tun.

Zuerst mußte sie nachdenken. Dazu suchte sie sich ein feuchtes und schattiges Plätzchen unter einem riesigen Rhabarberblatt.

Rollschuhe müßte ich haben, dachte Amanda, als sie sah, wie die Kinder auf dem Fußweg vor dem Garten dahinflitzten. Oder so ein Skateboard. Und dann träumte Amanda eine Weile davon, wie schnell sie mit dem Skateboard am Kater Willi vorbeirasen könnte. Der würde sich nicht mehr trauen, sie mit seiner Krallenpfote auf den Rücken zu drehen!

Oder sie müßte fliegen können, so wie die Schwalben. Als Amanda sehnsuchts-

voll in den Himmel schaute, entschied sie sich für Flügel. Das war tausendmal besser als Skateboardfahren.

Aber wie sollte sie zu Flügeln kommen? Amanda brauchte viele Tage, um darüber nachzudenken. Dann fragte sie die Spatzen, ob sie zwei Flügel übrig hätten. Doch die tschilpten nur höhnisch und flogen davon. Die Schmetterlinge gaben überhaupt keine Antwort. Nur eine zarte blaue Libelle fand sich nach langem Bitten bereit, der Schnecke ihre Flügel zu leihen.

„Aber nur, wenn du mir dafür dein Haus gibst", sagte sie.

Für die Aussicht, fliegen zu können, hätte Amanda alles getan. Sie kroch aus ihrem Haus und überließ es der zarten Libelle, die ihre durchsichtigen blauen Flügel vor dem Schneckenhaus ablegte.

„Kann ich sowieso nicht mehr brau-

137

chen", dachte Amanda. Sie war begeistert, daß sie sich mit den Libellenflügeln über alle erheben würde, die sie wegen ihrer Langsamkeit gehänselt hatten.

Aber welch eine große Enttäuschung! Amanda war viel zu schwer für die zarten Flügel. Nicht einen einzigen Millimeter konnte sie sich vom Boden erheben. Sie mühte sich den ganzen Nachmittag ab, aber es klappte nicht.

Die Spatzen setzten sich neben Amanda und versuchten, sie zu zwicken.

Der Kater Willi scheuchte die Spatzen davon. Dann aber schlich er zu Amanda heran und streckte seine Krallenpfote nach ihr aus. Die Schnecke hatte Todesangst und hätte nun wer weiß was dafür gegeben, sich in ihr Schneckenhaus verkriechen zu können. Ihre Rettung war, daß der Junge, der so schnell mit dem Skateboard davonflitzen konnte, in den Garten kam und sich den Kater Willi griff.

Seufzend schnallte Amanda die zierlichen Libellenflügel von ihrem Schneckenrücken und legte sie vor das Schneckenhaus.

„Es geht nicht", gab sie zu. „Ich bin zu schwer für deine Flügel, und ohne Schneckenhaus bin ich glattweg verloren, wenn Willi mich zu fassen kriegt. Gibst du mir mein Haus zurück? Deine Flügel habe ich schon abgelegt. Sie sind wirklich unbeschädigt."

Amanda mußte lange warten, bis die Libelle aus dem Schneckenhaus kam. Sie fror, und sie zitterte vor Angst. Was sollte nun ohne Haus aus ihr werden? Aber die Libelle hatte auch keine Lust mehr, sich dauernd im Haus der Schnecke zu verkriechen. Sie sehnte sich nach ihrem Teich und nahm gern die Flügel zurück. Erleichtert flog sie davon.

Amanda aber richtete sich wieder in ihrem Haus ein. Sie bekam dabei eine tolle Idee: „Ich setze mich auf das schnelle Skateboard, und wenn der Junge damit losflitzt, bin ich die schnellste Schnecke, die es jemals auf der Welt gegeben hat. Da werden die Spatzen aber staunen. Und der Kater Willi wird vor Schreck auf den Rücken fallen. Ich werde an ihm vorbeirasen und mein allerspöttischstes Schneckenlachen erklingen lassen. Jawohl!"

Das Osterkaninchen

So einen schrecklichen Frühling hatte es seit Jahren nicht gegeben. Erst war Hühnerstreik, und es kamen nicht genügend Eier in die Osterhasenwerkstatt. Dann kam die Grippewelle, und mindestens die Hälfte aller Osterhasen hatte Fieber und Schnupfen.

Der Oberosterhase wußte nicht mehr, wo ihm der Kopf stand. Er bekam richtigen Osterstreß. Und da passierte es: Er brach sich ein Bein. Nun saß er mit Osterhasengipsverband in seinem Lehnstuhl

und versuchte zu retten, was es noch zu retten gab.

„Es wird dir nichts anderes übrigbleiben, als Aushilfskräfte einzustellen", sagte die Oberosterhasenfrau nun schon zum dritten Mal. „Aber mit den Feldhasen kannst du nicht rechnen. Die sind nicht behutsam genug. Als du sie vor sieben Jahren um Hilfe batest, zerbrachen sie zu viele Eier..."

„Ja, ja, ja!" Der Oberosterhase wehrte den Wortschwall seiner Frau ungeduldig ab. „Weiß ich ja alles. Aber wen soll ich nehmen?"

„Die Kaninchen", sagte die Oberosterhasenfrau. „Die warten schon seit Jahren darauf, einmal Osterhasen zu sein."

„Nein", sagte der Oberosterhase verächtlich. „Das wäre nur die allerallerletzte Möglichkeit. Die mit ihren viel zu kurzen Ohren!"

Aber dem Kaninchen Norbert war längst zu seinen kurzen Ohren gekommen, wie schlimm es in diesem Jahr mit den Ostervorbereitungen stand. Es hatte den Hühnerstreik mit großer Aufmerksamkeit beobachtet, und als die Osterhasen reihenweise Grippe bekamen, begann es, sich auf seinen Einsatz als Ersatzosterhase vorzubereiten.

„Sie werden mich brauchen", dachte Norbert. Es gab noch kein einziges Jahr, in dem zu Ostern die Nester leer blieben. Und Norbert, das Kaninchen, suchte sich schon Stellen aus, wo es die Eier für die Kinder verstecken wollte.

Drei Kinder gab es im Haus, also mußten immer drei Eier in einem Nest liegen, damit es keinen Streit gab.

Und wirklich: Eine Woche vor Ostern kam die lang ersehnte Nachricht aus der Osterhasenzentrale. Es wurden jede Menge Ersatzosterhasen gebraucht. Aber nur als Aushilfe, wurde immer wieder betont.

Norbert, das Kaninchen, sagte trotzdem zu.

„Vielleicht behalten sie mich doch", dachte es. „Oder sie brauchen mich nächstes Jahr wieder. Ich werde meine Arbeit sehr gewissenhaft verrichten."

Am Samstag vor Ostern wurde es Norbert ganz schlecht vor Aufregung. Es wurde schon dunkel, und die Eierlieferanten waren immer noch nicht gekommen. Endlich, kurz vor Mitternacht, keuchten zwei Osterhasen mit der Lieferkarre heran.

„Wo bleibt ihr denn?" Norbert half beim Abladen und gab Anweisung, wie

viele Eier er brauchte und welche Farben es sein mußten.

„Auch noch Ansprüche stellen!" schimpften die Osterhasenlieferanten. „Du mit deinen kurzen Ohren solltest froh sein, daß du überhaupt eingestellt worden bist."

Das traf Norbert hart, der sich als echtes Osterkaninchen fühlte.

„Ihr könnt ja eure Eier wieder mitnehmen, wenn euch meine Ohren nicht gefallen. Ich möchte nicht in eurem Fell stecken, wenn die Kinder morgen früh leere Nester vorfinden."

Die Lieferanten aus der Osterhasenwerkstatt machten sich eilig aus dem Staub. Norbert konnte nicht mal richtig nachzählen. Und in der Dunkelheit war es sehr schwierig, die Farben zu unterscheiden. Als das Osterkaninchen daran dachte, wie wenig Zeit zum Eierverstekken blieb, sträubte sich ihm das Fell.

„Das schaffe ich nie!" stöhnte es. „Wie soll man da die Übersicht behalten?"

Norbert rollte die Eier zu den Nestern und schwitzte vor Anstrengung. Und immer, wenn er glaubte, es geschafft zu haben, mußte er wieder nachrechnen: Da waren plötzlich in einem Nest vier Eier und in einem anderen nur zwei. Und wenn er sie austauschte, stimmten die Farben nicht mehr. Zwei blaue und ein gelbes Ei – nein, das konnte nicht so bleiben. Und für jedes Kind mußte auch noch ein buntbemaltes Ei ins Nest gelegt werden. Vor lauter Aufregung zerbrach Norbert das allerschönste Osterei, das mit den vielen Punkten. Erschöpft setzte sich das Osterkaninchen unter einen Strauch. Es hätte nicht viel gefehlt, und es wären dicke Tränen aus den Augen gekullert.

„Hallo, Norbert!" Neben das Osterkaninchen hoppelte die Frau des Oberosterhasen. „Hast du es geschafft?"

Norbert strich sich mit der Pfote schnell über die Augen. Niemand sollte sehen, wie hilflos er sich fühlte.

„Gleich bin ich fertig. Gleich."

Die Oberosterhasenfrau aber hatte längst gesehen, daß da so einiges in den Nestern nicht stimmte. Auch das zerbrochene Ei mit den vielen Punkten hatte sie entdeckt. Mit geübten Griffen brachte sie schnell Ordnung in die Nester. Dann tauschte sie das beschädigte Punkteei gegen ein wunderschönes Ei mit einem Blumenbild aus.

„Deine Verstecke sind wirklich prima", lobte sie Norbert. „Und die Kinder werden ihre Freude beim Ostereiersuchen haben."

Das Osterkaninchen ließ sich gern loben, obwohl es wußte, daß es nicht alles geschafft hatte. Vielleicht sagte die Oberosterhasenfrau ihrem Mann, daß in Norberts Garten alles in Ordnung ist. Und im nächsten Jahr brauchte man ihn vielleicht wieder als Ersatz, denn auch Osterhasen bleiben nicht von der Grippe verschont. Möglicherweise brachen sie sich auch massenweise ihre Pfoten und waren dann auf die Hilfe von Osterkaninchen wie Norbert angewiesen.

Als das Osterkaninchen müde in seinen Stall kroch, um sich ins weiche Heu zu kuscheln, hatte es ganz verwegene Pläne.

„Ich, Norbert I., werde das unentbehrlichste Osterkaninchen! Und die kurzen Ohren werden mein höchstpersönliches Markenzeichen."

Das kleine Gespenst

Seit ich Ida kenne, habe ich keine Angst mehr vor Gespenstern. Sie ist ein Supergespenst. Natürlich ist sie noch ein Kind und erst einhundertvierundvierzig Jahre alt. Bald hat Ida Geburtstag. Aber sie will keinen Geburtstag feiern. Kann ich verstehen. Das wird ab hundert bestimmt langweilig.

Wir wohnen seit drei Monaten in einem alten Haus. Meine Eltern wurden davor gewarnt, in das Gespensterhaus zu ziehen. Aber darüber haben sie nur gelacht. Auch Alex, mein Bruder, behauptet, es gäbe keine Gespenster. Na ja, er kennt Ida nicht, und schon gar nicht ihre Familie.

Gleich in der ersten Nacht erschien Ida in meinem Zimmer.

„Willst du etwa hier wohnen?" fragte sie.

Ich mußte genau hinschauen, denn es dauerte eine Weile, bevor Ida gut zu sehen war.

„Warum nicht", sagte ich und versteckte meine Hände unter der Bettdecke, weil sie zitterten. Aber das hatte Ida schon gesehen.

„Ich tue dir nichts", sagte sie. „Ich langweile mich nur schrecklich. Ich bin nämlich ein Einzelgespensterkind. Die anderen sind alle erwachsen."

„Andere?" Ich brachte die Frage kaum heraus, denn die Aussicht auf noch weitere Gespenster war nicht gerade beruhigend.

Aber für Ida schien das ganz normal zu sein. „Die sind mit anderem beschäftigt, als den Menschen Angst einzujagen", sagte sie. „Sie müssen nämlich vor das Gespenstergericht. Deine Mutter könnte sie eigentlich verteidigen, die ist doch Advokatin?"

„Rechtsanwältin", sagte ich verbessernd. „Aber warum müssen deine Verwandten denn vor ein Gespenstergericht?"

Ida machte es sich auf meiner Bettkante bequem. Sie war eigentlich sehr hübsch. Die langen dunklen Haare hätte ich selbst gern. Und außerdem war ich neugierig, wie es bei Gespenstern so zuging. Ich rückte also ein Stück beiseite, damit Ida mehr Platz auf der Bettkante bekam.

Ida überlegte eine Weile, bevor sie antwortete: „Sie werden angeklagt, ihre Pflichten zu vernachlässigen. Mein Onkel Otto ist zuständig fürs Pferdescheumachen auf der Allee. Aber es fahren doch keine Kutschen mehr, und die Bäume sind alle abgeholzt worden. Tante Josefine hatte den Auftrag, im Schloß als weiße Frau zu spuken. Du weißt ja, daß daraus ein Hotel gemacht wurde. Da blieb keine einzige Ecke ohne Beleuchtung. Und mein Cousin Balduin ist auch arbeitslos geworden: Kein Mensch grault sich noch vor abgeschnittenen Köpfen, die übers Pflaster rollen. In eurem Fernsehen sind viel schlimmere Dinge zu sehen..."

Ja, das stimmte. Ida rang bekümmert die Hände und flehte mich an, meine Mutter dazu zu überreden, die Verteidigung zu übernehmen. Versprechen konnte ich nichts, denn ich hatte keine Ahnung, ob meine Mutter überhaupt an Gespenster glaubte.

„Warum wohnt ihr gerade in unserem Haus?" fragte ich.

„Es ist alt und gemütlich." Ida schaute auf die Uhr. Es war eine Minute vor eins. „Ich muß verschwinden. Darf ich morgen wiederkommen? Und fragst du deine Mutter, ob ..."

Die Minute war um. Ida verblaßte und verschwand durch die Wand. Ob ich das alles nur geträumt hatte?

Am nächsten Morgen war ich nicht mehr so sicher, ob Ida wirklich bei mir war. Ich traute mich auch gar nicht, meine Mutter zu fragen, ob sie Gespenster verteidigen würde.

Deshalb war ich sehr verwundert, als meine Mutter beim Abendbrot seufzte: „Der Direktor vom Schloßhotel behauptet, seine Gäste würden nachts belästigt. Sie haben eine Frau festgenommen, die ich verteidigen soll. Stellt euch vor, sie hat die Leute als Schloßgespenst erschreckt."

Mein Vater und mein Bruder lachten schallend. Ich dachte an Idas Tante Josefine. Jetzt erfüllte sie ihre Pflicht und spukte und wurde dafür vor ein Menschengericht gestellt.

„Wirst du sie verteidigen?" fragte ich meine Mutter.

„Na ja – sie ist vielleicht ein bißchen verrückt."

Dazu sagte ich nichts, denn meine Mutter würde wahrscheinlich eher eine Verrückte als ein Gespenst verteidigen. Ich stellte mir vor, was geschehen könnte, falls Idas Onkel Otto auf der

Hauptstraße die Autofahrer erschreckte oder Balduin Köpfe über den Marktplatz kullerte. Nein, das war nicht gerecht, die armen Gespenster dafür zu bestrafen, daß sie ihre Arbeit nicht mehr tun konnten, weil ja heute alles ganz anders war als damals zu ihrer Zeit. Im Gegenteil: Es war wohl besser, wenn sie ihre Arbeit nicht machten. Ich mußte dringend mit Ida darüber reden.

Aber sosehr ich auch an diesem Abend zwischen zwölf und eins nach Ida Ausschau hielt, sie kam nicht. Sie kam auch die folgenden Abende nicht. Meine Mutter aber hatte als Rechtsanwältin eine Menge zu tun. Und ich habe den Verdacht, es könnte sich dabei nicht nur um eine Frau handeln, die als Schloßgespenst Hotelgäste beunruhigte.

Vor zwei Wochen erschien Ida plötzlich wieder.

„Ich hatte Ärger, weil ich dir alles erzählt habe", berichtete sie. „Aber jetzt sind sie von deiner Mutter begeistert. Ich habe die Extragespenstererlaubnis, dich zu besuchen, wann immer ich will – oder du."

„Prima!" sagte ich. „Kannst du mich auch tagsüber besuchen?"

„Kleinigkeit. Du brauchst nur das Geheimwort zu sagen: Idaxbaxklax."

„Das merke ich mir leicht", sagte ich. Vorsichtshalber liegt aber in meiner Federmappe ein Zettel mit dem Geheimwort. Denn seit einer Woche geht Ida mit mir zur Schule. Davon darf aber Frau Friedemann nichts wissen. Es soll ja Lehrer geben, die nicht an Gespenster glauben.

Ein Weihnachtsmärchen

Es war einmal – so fangen die meisten Märchen an. Auch dieses Weihnachtsmärchen. Also: Es war einmal eine kleine Tanne, die sich ganz fest wünschte, ein richtiger großer Christbaum zu sein. Aber die Waldarbeiter gingen an ihr vorbei, wenn sie Christbäume für den Markt aussuchten.

„Wenn ich doch nur schon größer wäre!" seufzte die kleine Tanne immer wieder.

Das hörte der Weihnachtsengel Balduin, als er über den Wald flog. Die kleine Tanne tat ihm leid. Und so erzählte er in der Versammlung der Weihnachtsengel von ihrem Kummer.

Der Oberweihnachtsengel aber sagte streng: „Sie soll die Zeit abwarten und sich nicht vordrängeln."

Es entspann sich ein richtiger Streit unter den Weihnachtsengeln, bis das Christkind dem ein Ende setzte. „Überlegt euch, wie ihr der kleinen Tanne eine Weihnachtsfreude machen könnt. Bitte."

Da waren sie alle still. Und der Oberweihnachtsengel schämte sich, weil er vor lauter Arbeit vergessen hatte, daß Weihnachten auch dazu da ist, anderen Freude zu bereiten.

„Alle mal herhören!" rief er mit seiner tiefen Baßstimme. „Wir veranstalten für die kleine Tanne Probeweihnachten. Und du, Balduin, wirst das organisieren."

„Immer ich", dachte Balduin. „Jetzt bleibt das wieder an mir hängen."

Trotzdem machte er sich sofort an die Arbeit. Er sah auch, daß ihn die anderen Engel sehr um diesen Auftrag beneideten. Und Balduin überlegte: „Vielleicht bekomme ich für gute Arbeit vom Christkind eine vergoldete Feder in meine Flügel. Das wäre einfach Spitze!"

Aber einfach war die Sache nicht. Wo sollte man nur anfangen? Er konnte doch nicht ins Kaufhaus gehen und kartonweise Christbaumschmuck und Kerzen kaufen. Die Menschen hatten es da viel einfacher. Balduin setzte sich in eine weiche Wolke und dachte erst einmal nach. Je länger er nachdachte, desto schwieriger schien ihm sein Plan.

„Ich helfe dir!" sagte da der kleine Stern, der gerade hinter der Wolke hervorkam. „Ich setze mich mit meinen Geschwistern am Weihnachtsabend ins Nadelkleid der kleinen Tanne. Wir werden leuchten, so gut wir können!"

„Und ich werde dicke Schneeflocken schicken", bot die weiche Wolke an.

Nun wurde es Balduin viel leichter ums Herz. Wem er auch von der Weihnachtsfreude für die kleine Tanne erzählte, der war sofort bereit mitzumachen.

Das Eichhörnchen sagte: „Ich gebe ein Dutzend Nüsse dazu!"

Und der Förster versprach, neben der kleinen Tanne Wildfutter auszulegen, damit sie am Weihnachtsabend viel Besuch bekäme.

Der Mond sagte: „Ich leuchte, denn um diese Zeit bin ich gerade schön rund."

Also konnte Balduin in der nächsten Versammlung der Weihnachtsengel einige Vorschläge vortragen.

Der Oberweihnachtsengel nickte zufrieden. „Das wird dem Christkind gefallen. Ich werde ihm gleich darüber berichten."

„Warum nicht ich?" dachte Balduin. Aber er sagte nichts. Es ging ja schließlich um eine Weihnachtsfreude für die kleine Tanne. Auf die vergoldete Feder konnte er dabei glatt verzichten.

Und so geschah es am Heiligabend, daß mitten im Wald eine kleine Tanne stand, die wie durch ein Wunder hell leuchtete. In ihren Zweigen blitzten tausend winzige Sterne, dicke Schneeflocken setzten sich dazu, und das Eichhörnchen legte ein Dutzend und eine Nuß in das Geäst.

Auch der Förster hatte Wort gehalten. Zum gedeckten Tisch fanden sich viele Tiere ein, und alle wünschten der kleinen Tanne „Frohe Weihnachten".

Am nächsten Tag lag der Wald tief verschneit da. Die kleine Tanne schlief noch fest. Sie träumte davon, daß sie der schönste Weihnachtsbaum war, den es jemals gegeben hatte. Sie merkte nicht einmal, daß der Weihnachtsengel Balduin vorbeiflog. Der paßte nicht auf und streifte mit seinem Flügel einen Ast, daß der Schnee nur so stob. Aber es war ja auch kein Wunder. Balduin träumte nämlich davon, Oberweihnachtsengel zu werden.

Eine Kuhlandung

Die Geschichte passierte, als Lukas zum Modellflugzeug die Fernsteuerung geschenkt bekam. Er war ganz aufgeregt und hätte am liebsten gleich ausprobiert, wie die Fernsteuerung funktionierte. Aber sein Vater war dagegen.

„Das muß richtig gemacht werden. Und die Bedienungsanweisung ist auch nicht dazu da, daß man sie nicht liest. Am Sonntag machen wir das gemeinsam. Tanja kann auch mitkommen."

Tanja war die Schwester von Lukas. Sie hatte miterlebt, wie oft ihr Bruder verzweifelt versucht hatte, seinen „Bussard" fliegen zu lassen. Sie wünschte ihm sehr, daß das Modellflugzeug nun wirklich fliegen konnte.

Endlich kam der Sonntag. Lukas und sein Vater legten an einem Hang alles bereit, um die Fernsteuerung auszuprobieren. Aber der Vater studierte nur immer und immer wieder die Bedienungsanleitung. Dabei hatte sich Tanja

alles so schön vorgestellt. Mit der Fernsteuerung in der Hand konnte man sich sicher fast wie in einem Cockpit vom Flugzeug fühlen.

„Wann geht es denn endlich los?" fragte sie ungeduldig.

„Gleich", sagte ihr Vater. „Das muß genau gemacht werden – nicht nur das Fliegen, auch die Landung."

Tanja beobachtete, wie enttäuscht ihr Bruder war. Sein „Bussard" war mit der Fernsteuerung ein Spielzeug für Erwachsene geworden. Lukas durfte nur danebenstehen …

Endlich ging's los. Der Motor wurde angelassen, und alles klappte wie am Schnürchen.

„Es fliegt! Es fliegt!" schrien Lukas und Tanja. Blitzschnell gewann der „Bussard" an Höhe. Dem Vater perlte der Schweiß auf der Stirn, so aufgeregt war er.

„Ich möchte auch mal fernsteuern", sagte Lukas.

Doch der Vater wollte nicht. „Das mußt du erst lernen. Da kann wer weiß was passieren, wenn das außer Kontrolle gerät. Das muß ich dir erst beibringen."

Lukas konnte seine Enttäuschung kaum noch unterdrücken. Er schaute in den Himmel. Doch der „Bussard" zog auf einmal gar nicht mehr so schöne Kreise wie zuerst. Die linke Tragfläche hing herunter, und je aufgeregter der Vater steuerte, desto sonderbarere Sprünge machte das Modellflugzeug in der Luft. Und plötzlich entfernte es sich ganz schnell. Lukas und sein Vater rannten hinterher.

Tanja verstand das nicht. Wozu hatten sie denn die Fernsteuerung? Langsam ging sie hinter den beiden den Hang hinunter. Da sah sie Lukas und den Vater auf eine Herde Kühe zulaufen und laut

schreien. Die Kühe muhten aufgeregt, rührten sich aber nicht von der Stelle.

„O Gott!" stöhnte der Vater. Er legte die Fernsteuerung neben sich auf die Wiese.

Als Tanja näher an die Herde heranging, sah sie, daß der „Bussard" mitten zwischen den Kühen gelandet war.

„Glatte Kuhlandung", stellte sie sachlich fest.

Lukas lief aufgeregt um die Kühe herum, konnte sie aber nicht auseinandertreiben. „Tanja, kannst du die Kühe nicht ablenken? Die Biester lassen mich nicht durch."

Tanja pflückte Gräser und Blumen. Damit lockte sie die Herde ein Stückchen weiter. Dann sahen sie die Bescherung: Der „Bussard" war inmitten eines Kuhfladens gelandet. Und er sah auch sonst ziemlich schlimm aus. Die Tragflächen

waren abgeknickt, die Kanzel total zertrümmert.

Wortlos packte der Vater die Bruchstücke zusammen. Dann stapften er und Lukas den Hang hinauf.

„So 'ne Kuhlandung hätte ich auch noch zustande gebracht", schimpfte Tanja. „Hättet ihr mal lieber mich rangelassen."

Lukas mußte seine Enttäuschung loswerden. „Gerade dich!" fauchte er Tanja an.

Der Vater drehte sich zu den beiden um. „Schade, daß das so mißglückt ist", sagte er entschuldigend. „Wir bringen das wieder in Ordnung. Tanja ist so geschickt beim Kleben."

„Und beim Fernsteuern!" sagte Tanja. „Das ist ja schließlich nicht nur Männersache."

Das Geschenk der Puppenspielerin

Das Spiel war zu Ende. Der Zuschauerraum leerte sich. Wie verzaubert saß Lara auf ihrem Stuhl. Für sie war das Stück noch nicht zu Ende: Was wurde denn nun aus dem Mädchen mit den Streichhölzern? War es gestorben? Oder hatte es jemand mit nach Hause genommen, damit es sich wieder aufwärmen konnte? Vielleicht war es sogar eingeladen worden, um bei den reichen Leuten Weihnachten zu feiern? Konnte doch sein, daß jemand...

Lara schreckte aus ihren Gedanken hoch, als sich eine Frau leise neben sie setzte.

„Hat dir das Puppenspiel gefallen?"

„Ja, schon. Aber..."

„Aber?" fragte die Frau. „Was hat dir denn nicht gefallen?"

„Es ist noch nicht zu Ende", sagte Lara. „Das Mädchen mit den Streichhölzern ist sicher nicht auf der Straße erfroren. Meine Eltern hätten sie bestimmt mitgenommen."

„Es ist schön, daß du dir noch Gedanken über diese Geschichte machst. Ich bin Dorle, die Puppenspielerin. Willst du dir mal meine Puppen anschauen?"

„O ja!" Lara war ganz begeistert von dieser Idee. Sie lief mit der Puppenspielerin zur Bühne. Dort schob die Frau den Vorhang beiseite, und Lara stand inmitten der Handpuppen, die sie eben noch gesehen hatte, als Dorle mit ihnen das Puppenspiel aufführte.

„Das ist das Mädchen!" Lara erkannte die Puppe sofort.

„Darf ich sie mal anfassen?"

„Aber ja. Und auch alle anderen." Die Puppenspielerin half ihr, die Hand in die Puppe zu stecken. Für Lara waren die Puppen in diesem Augenblick nicht nur lebloses Spielzeug. Die Frau steckte ihre Hand in die Figur eines Mannes.

„Willst du mit mir nach Hause kommen?" fragte sie mit verstellter Stimme. „Meine Tochter würde sich sehr freuen, wenn ich dich mitbrächte. Da brauchst du nie mehr zu frieren."

„O ja!" sagte das Mädchen. „Heißt deine Tochter Lara?"

„Woher kennst du denn meine Lara?" fragte der Puppenmann.

„Aus den Geschichten, die sie immer liest. Abends im Bett spielt sie dann die Geschichten zu Ende. Da gehen alle gut aus..."

Die Puppenspielerin Dorle lächelte und streifte die Figur von der Hand.

„Du liebst Geschichten, die gut ausgehen?" fragte sie. „Ich mag solche Geschichten auch am liebsten. Und meine Darsteller auch. Hier, schau dir Aschenputtel an. Sieht sie nicht ganz glücklich aus? Der Prinz hat so lange gesucht, bis er die richtige Frau für sich gefunden hat."

„Ja. Aber manchmal sind die Märchen doch ein bißchen traurig. Dann denke ich mir ein anderes Ende aus", sagte Lara.

Dorle, die Puppenspielerin, öffnete eine Truhe und holte eine Figur heraus. Sie zupfte am Gewand, bis es nicht mehr zerknittert war, dann schob sie die wollenen Haare aus dem Puppengesicht, und Lara sah, daß es eine Handpuppe mit langer Nase und mit lustigen Augen war!

„Das ist meine Lieblingspuppe gewesen, als ich so alt wie du war", sagte die Frau. „Ihr habe ich, so wie du jetzt, alle meine Geschichten erzählt. Ich glaube, jetzt solltest du meinen Elias bekommen. Er hat von mir schon lange keine Geschichten gehört."

„Elias?" fragte Lara. „Heißt er so? Warum heißt er so?"

„Du fragst Sachen!" Die Puppenspielerin wunderte sich ein bißchen. „Schon mein Großvater hat ihn so genannt, dann mein Vater, später ich. Wäre schön, wenn er bei dir seinen Namen behielte."

Zögernd nahm Lara die Puppe aus Dorles Hand. „Und der Elias gehört mir? Mir ganz allein?"

„Ja. Weil du eine echte Geschichtenerzählerin bist, Lara. Was soll Elias in meiner dunklen Puppenkiste? Ich denke, er wird ein guter Zuhörer sein und mit dir vielleicht auch manche Geschichte erfinden. Bei mir war es auch so."

Lara drückte Elias an sich, so als habe sie Angst, die Puppenspielerin könnte es sich noch anders überlegen.

„Danke", sagte sie. „Sind Sie morgen auch noch in unserer Stadt?"

Die Frau strich leicht über Laras Kopf. „Ich muß heute noch weiterfahren. Aber irgendwann komme ich wieder hierher. Und wenn du Elias dann noch magst und ihm viele Geschichten erzählt hast, dann besuche mich. Vielleicht spielen wir den Kindern dann zusammen eine Geschichte vor. Eine, die sehr lustig ist."

Lara nickte nur, dann ging sie mit Elias davon. Sie freute sich auf den Abend. Dann würde Elias neben ihr auf dem Kopfkissen sitzen und zuhören, was sie ihm zu erzählen hatte. Und vielleicht erzählte er ihr auch eine Geschichte: Vom Puppenspielergroßvater, vom Puppenspielervater und von Dorle, die mit einer Kiste voller Puppen von einer Stadt in die andere fuhr, um den Kindern etwas vorzuspielen. Nur Elias war nun nicht mehr dabei.

Die dreizehnte Fee

„Die Zwölfte hat mir ja was Schönes eingebrockt!" dachte die dreizehnte Fee. „Hundert Jahre Schlaf für Dornröschen! Hundert Jahre im Sommer die Rollos runterlassen, damit sie keinen Sonnenbrand kriegt und keine Sommersprossen. Wer nimmt eine hundertfünfzehnjährige Prinzessin mit Sommersprossen! Zehn Jahre hätten auch gereicht."

Die dreizehnte Fee legte ihre Spindel beiseite und gähnte vor Langeweile. Dieser Geizhals von König hätte ruhig noch einen goldenen Teller kaufen können. Aber nein, es mußte ja unbedingt eine neue Kutsche sein. Und dann war er pleite.

„Das arme Kind hat nun darunter zu leiden", dachte die dreizehnte Fee und war voller Mitleid. Achtundachtzig Jahre schliefen sie nun alle schon. Die fan-

den sich doch gar nicht mehr zurecht in der Welt, wenn sie wieder aufwachten!

Die dreizehnte Fee beschloß, von ihrem Turm hinunterzusteigen und sich durch die Dornenhecke hindurchzuzaubern. Sie wollte wissen, was inzwischen draußen passiert war.

Vorsichtshalber blieb sie unsichtbar. Und das war auch gut so, in ihrem altmodischen Kleid wäre sie ganz schön aufgefallen.

In der Stadt hatte sich alles verändert: Keine einzige Pferdekutsche war zu sehen, sondern so schrecklich schnelle, stinkende Kutschen, die Autos hießen. Die Mädchen in Dornröschens Alter trugen enge, verwaschene Hosen und tranken aus Gefäßen, die aussahen wie ein Stück von einer Ritterrüstung, irgendein klebriges, braunes Zeug. Und was das

Unbegreiflichste für die dreizehnte Fee war: Kästen, in deren Fenstern man sehen konnte, was wer weiß wo in der Welt passiert war.

Die dreizehnte Fee war total verwirrt. „Nur gut, daß ich unsichtbar bleiben kann", dachte sie. „Jetzt muß ich erst einmal wissen, woran ich bin, bevor die anderen aufwachen."

Und dieser Kasten, mit dem man sehen konnte, was in der Welt geschah, schien eine gute Möglichkeit zu sein, sich einen Überblick zu verschaffen. Kurzerhand zauberte sie ihn in ihr Turmstübchen.

Aber der Fernseher zeigte kein einziges Bild und gab keinen Ton von sich. Die Fee mußte irgend jemanden fragen, der sich auskannte. Also blieb ihr nichts anderes übrig, als eines der modernen Kleider anzuziehen. Sie konnte sich doch sonst vor dem Verkäufer im Elektrogeschäft nicht sehen lassen.

Der beleidigte sie sehr, als er stöhnte: „Gute Frau, wo haben Sie denn die letzten vierzig Jahre gelebt? Jedes Kind weiß, wie man mit einem Fernseher umgeht. Sie brauchen Stromleitungen." Die dreizehnte Fee verkniff sich einen bösen Wunsch. Sie hatte noch genug Probleme mit den hundert Jahren für Dornröschen.

Nach einer Woche gab es Strom im Schloß. Und endlich kamen die ersten Bilder über die Mattscheibe in das Turmzimmer. Da erlebte die dreizehnte Fee eine neue unliebsame Überraschung: Nicht achtundachtzig Jahre, sondern achthundertachtundachtzig Jahre waren inzwischen vergangen.

„Hat die zwölfte Fee bei ihrem Zauber damals etwa eine Null zuviel angehängt?" dachte sie entsetzt. „Dann müßten wir ja noch einhundertzwölf Jahre warten, bis sie alle aufwachen! Wer weiß, ob es bis dahin überhaupt noch Prinzen gibt! Und meine Spindel ist schon jetzt museumsreif."

Nachdem sich die dreizehnte Fee ein paar Wochen durch alle Fernsehkanäle hindurchgekämpft hatte, faßte sie einen schweren Entschluß.

„Ich werde wenigstens Dornröschen aufwecken", dachte sie.

Sie zog die Rollos hoch, denn auf ein paar Sommersprossen kam es nun nicht an. Dann legte sie Jeanshosen, ein T-Shirt und weiße Turnschuhe zurecht und schüttelte die Prinzessin.

„Aufwachen, wir haben verschlafen. Die Zwölfte hat sich um eine Null geirrt."

Dornröschen gähnte und streckte sich. Verwundert schaute sie um sich. „Wo ist denn das alte Mütterchen mit der Spindel?"

„Altes Mütterchen!" Die dreizehnte Fee schnaufte empört. „Warst du wirklich so dumm, mir dieses Märchen abzunehmen? Ich bin die dreizehnte Fee, die dein Vater nicht eingeladen hatte."

Dornröschen schaute aus dem Fenster des Turmstübchens. „Man kann nichts sehen, nur Dornenhecken."

„Du wirst mehr zu sehen bekommen, als dir lieb ist", sagte die dreizehnte Fee. „Hier, zieh das an."

In Jeans und T-Shirt sah die Prinzessin fast wie ein modernes Mädchen aus. Und als sie mit der dreizehnten Fee genug ferngesehen hatte, wußte sie auch, wie sich moderne Mädchen benehmen.

„Sie warten heute nicht auf einen Prinzen", sagte sie zur dreizehnten Fee. „Und ich will auch nicht von irgendeinem wach geküßt werden. Womöglich kann ich den gar nicht leiden. Außerdem will ich erst Abitur machen und ..."

„Halt! Halt!" Die dreizehnte Fee seufzte tief. „Ich weiß noch nicht mal, wie ich deinem Vater beibringen soll, daß wir verschlafen haben."

„Das ist deine Sache", sagte Dornröschen. „Warum warst du auch so beleidigt, daß du mir den Tod gewünscht hast!"

„Freches Ding!" schimpfte die dreizehnte Fee. „Ich wollte doch nur deinem Vater einen Schrecken einjagen. Das hätte ich rückgängig gemacht, wenn er sich entschuldigt hätte."

„Na gut", meinte Dornröschen. „Ich glaube dir sogar. Und was machen wir nun?"

„Am besten, wir lassen erst mal die Dornenhecke verschwinden. Es muß ja nicht gerade ein Prinz sein, der dich erlöst."

„Okay", sagte Dornröschen. Und das klang überhaupt nicht königlich.

Grüße für Oma Brettschneider

Die Ferientage vergingen viel zu schnell. Jeden Tag Sonnenschein und immer etwas Neues.

„Du wolltest doch Oma Brettschneider eine Urlaubskarte schicken", mahnte Friederikes Mutter.

„Morgen. Vielleicht ist das Wetter morgen so richtig zum Kartenschreiben." Und so ging das Tag für Tag. Schließlich war der Urlaub zu Ende, und Friederike hatte ihre Karte noch nicht geschrieben. Jetzt bekam sie ein schlechtes Gewissen, denn sie hatte einen Urlaubsgruß versprochen, weil Oma Brettschneider dafür Friederikes Wellensittich versorgte.

„Bevor die Karte ankäme, sind wir längst zu Hause", beruhigte sie sich. „Ich werde Oma Brettschneider sagen, daß jeden Tag so schönes Wetter war…"

„Versprochen ist versprochen", meinte Friederikes Mutter. „Wenn nun Oma Brettschneider auch sagen würde: Ich kam nicht dazu, deinem Wellensittich Futter zu geben, weil das Wetter so schön war."

Auf der Nachhausefahrt überlegte sich Friederike viele Ausreden, warum sie keinen Urlaubsgruß geschrieben hatte. Vielleicht konnte sie einfach sagen: Ich habe eine Karte abgeschickt. Eine wunderschöne Urlaubskarte mit viel Meer drauf. Konnte ja sein, daß die Post sie verbummelt hatte.

Aber das wäre gelogen. Und Friederike schämte sich schon für den Gedanken. Aber wie sollte sie jetzt zu einer Urlaubskarte kommen, die noch vor ihr bei Oma Brettschneider ankam?

„Hätte ich bloß gleich am ersten Tag geschrieben", dachte sie jetzt.

Schreiben war nicht gerade die liebste Beschäftigung von Friederike. Viel lieber malte sie. Und Urlaubskarten fand sie überhaupt überflüssig. Man konnte doch besser erzählen, wie schön alles gewesen war. Und wenn man schon am ersten Urlaubstag Karten losschickte und schrieb, wie schön es war, dann konnte es sogar geschwindelt sein. Keiner wußte doch, ob nicht am nächsten Tag schon Dauerregen kam, und das vierzehn Tage lang.

Je länger Friederike darüber nachdachte, desto besser fand sie es, nicht geschrieben zu haben.

„Ich werde ein Bild malen", sagte sie zu ihrer Mutter. „Ein Urlaubsbild für Oma Brettschneider. Da sieht sie alles viel genauer als auf einer gekauften Ansichtskarte."

Zu Hause angekommen, machte sie sich sofort an die Arbeit. Auf einen riesengroßen Bogen Zeichenpapier malte sie das Meer und darüber einen blauen Himmel mit einer großen gelben Sonne. Und damit der Himmel nicht so leer aussah, kamen ein paar kleine weiße Wolken dazu und einige Möwen. Der feine Sandstrand bekam sogar ein bißchen echten Sand, den Friederike aus ihren Schuhen herausschüttelte und mit Leim auf ihre Zeichnung klebte. Und weil das Kleben soviel Spaß machte, schnitt Friederike bunte Sonnenschirme aus Werbeprospekten aus, dazu noch Figuren und einen Eiswagen, Boote und Fische, ein paar Palmen und überhaupt, was sie so alles am Strand gesehen hatte.

Als sie fertig war, zeigte sie das Bild ihrer Mutter.

„Ist doch viel schöner als eine gekaufte Ansichtskarte, nicht wahr?"

„Ja, du hast recht", meinte Friederikes Mutter. „Aber . . ."

„Ich weiß schon, was du sagen willst, Mama. Ich werde Oma Brettschneider sagen, daß ich keine Lust zum Schreiben hatte. Aber sie wird sich über mein Bild sicher auch freuen."

Dann rollte Friederike den großen Zeichenbogen vorsichtig zusammen, damit kein Sand herunterfiel. Denn es sollte ja ein echter Urlaubsgruß sein, den man nicht mit der Post befördern konnte.

Buchstabensalat

Till ist wütend. Eine ganze Stunde soll er Lesen üben. Draußen scheint die Sonne, und er soll sich mit der dummen Leserei abplagen. Dabei war es in den ersten Wochen so einfach gewesen. Er hatte das, was unter den Bildern im Lesebuch stand, sehr schnell auswendig gelernt, weil es so oft wiederholt worden war. Keiner hatte gemerkt, daß Till gar nicht lesen konnte.

Aber nun war es passiert. Er hat die Bilder verwechselt und den falschen Text dazu gesagt.

„Till, du mußt üben, üben, üben!"

Ja, wenn das so einfach wäre. Die Buchstaben in Tills Lesebuch tanzen alle durcheinander, je länger er darauf schaut. Ihm tränen schon die Augen.

„Das ist Buchstabensalat!" ruft da jemand.

Einer der Buchstaben springt aus der Reihe und baut sich vor Till auf.

„Wer uns nicht ernst nimmt, der kriegt uns nie auf die Zeile. Du hast uns betrogen, Till. Das ist die Strafe."

„Buchstabensalat?" fragt Till entsetzt. „Eine ganze Stunde?"

„Jawohl. Sechzig Minuten. Und keine einzige weniger."

Till seufzt tief. „Ich hatte es mir einfacher vorgestellt. Wozu brauche ich die Leserei? Im Fernsehen ..."

„Siehst du, das ist der Punkt: Fernsehen! Immer vor der Glotze hocken! Du weißt ja nicht mal, wer ich bin!"

Till starrt den Buchstaben an, der vor ihm auf dem Buch steht. „Doch! Dich habe ich schon gekannt, bevor ich in die Schule kam. Du bist das T. Und ich werde euch schon ..."

„Ha, ha! Nichts wirst du! Weil du gar nicht willst."

Verzweifelt legt Till die Hände auf die Buchseite. „Hau ab! Mit dir will ich nichts zu tun haben. Du bist boshaft. Du T, du!"

Ein anderer Buchstabe drängt sich zwischen Tills Fingern hindurch und schiebt das T zur Seite.

„Uns gefiel es nicht, daß du geschummelt hast. Aber wenn du willst, darfst du uns jetzt kennenlernen. Ich werde dir alle vorstellen: Ich bin das große A, und hier bringe ich dir das kleine a mit. Mit A beginnt der Vorname deiner Freundin Anna, und mit a hört er auf. Kannst du dir das merken?"

„Klar!" sagt Till. „Nichts einfacher als das."

„Dann werde ich dir den nächsten Buchstaben schicken, das B wie Brot."

Auf diese Weise kamen alle Buchstaben zu Till. „Ich muß nur aufpassen, daß ich nicht wieder alles auswendig lerne", sagt er zum freundlichen A. „Sonst lerne ich es nie."

„Du schaffst das schon. Für heute hast du auch genug gelernt. Die Stunde ist längst um."

„Das ging aber schnell", staunt Till. „Kommt ihr morgen wieder?"

Das kleine a lacht ein bißchen, und Till findet es schnell in dem Wort Lachen wieder.

„Von nun an sind wir immer bei dir", erklärt das A. „Wer uns einmal kennengelernt hat, den begleiten wir durch das ganze Leben."

Till ist zufrieden. Er kann die Buchstaben jetzt eigentlich gut leiden, selbst das T war freundlicher geworden.

Till klappt das Buch zu und rennt nach draußen. Es ist wunderschönes Herbstwetter. Und Till merkt, daß die Buchstaben mit ihm gekommen sind: B wie Baum, F wie Fußball, H wie Haus ...

Hungrig stürmt er abends in die Küche. „Was gibt's denn zum Abendbrot?" fragt er.

„Buchstabensalat", sagt Tills Mutter.

Auf dem Tellerrand sortiert Till die Nudelbuchstaben: A – B – C ... Dann ißt Till seinen Buchstabensalat auf.

Das verschwundene Mäuschen

Die Mäusemutter suchte verzweifelt nach dem kleinsten ihrer Mäuschen. Immer wieder zählte sie: Eins, zwei, drei, vier, fünf, sechs – das siebte fehlte. Das allerkleinste.

„Warum bleibt es auch nicht bei seinen Geschwistern!" schimpfte der Mäusevater. „Ich habe doch angeordnet, daß ..."

Die Mäusemutter hielt sich die Ohren zu. Was nützten jetzt alle Vorwürfe? Benny, der kleine Mäusejunge, blieb verschwunden.

„Wo habt ihr ihn zuletzt gesehen?" fragte die Mäusemutter ihre anderen Kinder. „Wart ihr etwa heimlich in der Speisekammer?"

„N-nein, über-haupt nich-t!" stotterte Specki, der Dicke.

„Also doch!" Die Mäusemutter merkte die Schwindelei sofort. Die Speisekammer war auch zu verlockend. Da konnte selbst sie nicht widerstehen. Dort gab es so herrliche Sachen zu beknabbern, weil nicht alles in den Kühlschrank paßte. Und in der Speisekammer war man sogar einigermaßen vor dem Kater sicher. So ein großes Loch gab es gar nicht, durch das er schlüpfen konnte. Und der Rat der Mäuseurgroßmutter, jedesmal nur ganz wenig zu beknabbern, war genau richtig. Da merkten die Menschen nie, daß Mäuse dagewesen waren. Oder wenigstens fast nie. Und es war ja lächerlich, eine Falle mit einem winzigen Stück Speck hinzustellen, wenn haufenweise Wurst und Käse ohne Schwierigkeiten zu holen waren.

Bei dem Gedanken an die Mausefalle sträubten sich allerdings alle Pelzhaare der Mäusin. Wenn Benny, ihr allerklein-

stes Mäuslein, in die Falle geraten war! Wie sollte man ihn da wieder heraus- bekommen?

„Ich muß noch mal in die Speisekam- mer", sagte sie zu ihrem Mäusemann. Aber sie verriet ihm ihre Sorgen nicht. Fehlte gerade noch, daß er ihr Vorwürfe machte!

Flink eilte sie den bekannten Weg ent- lang und schlüpfte durch das kaum sicht-

bare Loch in die Speisekammer. Ihr Herz pochte ganz schnell, und ihr Atem ging keuchend.

In der Speisekammer war es fast dun- kel. Sie konnte kaum noch etwas sehen. Sie schnupperte sich zur Mausefalle durch.

„Benny", flüsterte sie, „bist du etwa in die Falle geraten?"

Aus der Falle kam nicht das leiseste

Piepsen. Das beruhigte die Mäusemutter ein bißchen. Sie hätte nicht gewußt, wie sie ihren Kleinsten aus der Falle befreien sollte. Aber dann erschrak sie sehr. Vor der Speisekammertür hörte sie den Kater. Sie roch ihn sogar, und sie hörte sein Miauen.

„Benny", rief die Mäusemutter. „Bist du hier? Melde dich doch!"

Da endlich hörte die Mäusemutter ein klägliches Piepsen. „Hier bin ich. Aber ich traue mich nicht runter."

Der Mäusemutter fiel ein Stein vom Herzen, als sie die Stimme von Benny vernahm. „Wie kommst du denn dort hinauf?"

„Ich bin vor der Menschenfrau davongelaufen. Und da hatte ich so viel Mut. Da oben hat sie nicht nach mir gesucht. Aber es ist so tief, wenn ich runterschaue. Ich trau' mich nicht."

Die Mäusemutter seufzte. Dann machte sie sich auf den Weg zu ihrem kleinen Mäusejungen. Sie wußte, daß sie auch Angst haben würde, den Weg nach unten zu suchen. Aber sie mußte doch Benny retten. Es dauerte die ganze Nacht, dann endlich konnten sie durch das kleine Loch die Speisekammer verlassen und durch den engen Gang ins Mäusenest schlüpfen.

Benny schlief sofort erschöpft ein. Die Mäusemutter schaute noch nach Bennys Geschwistern, dann legte sie sich neben ihren Mäusemann, der schon lange fest schlief.

„Freiwillig wäre ich nie bis dort hinauf geklettert", murmelte sie. „Aber ich konnte doch Benny nicht im Stich lassen." Sie wunderte sich nachträglich noch über ihren Mut. Dann schlief sie auch ein.

Traumpferd Trabefix

„Steig auf!" sagt das Traumpferd Trabefix.
„Wir reiten aus."

Andreas ist sofort dazu bereit. Er nimmt sich nicht mal Zeit, etwas anzuziehen. So wie er ist, schwingt er sich auf das schneeweiße Pferd. Das ist gar nicht so einfach, denn Traumpferde haben keinen Sattel und keine Steigbügel. Aber für Andreas ist das kein Kunststück. Er ist oft mit Trabefix unterwegs, nachts, wenn alle anderen Leute schlafen.

„Wohin geht es denn heute?" fragt Andreas.

Er hält sich an der langen Mähne des Traumpferdes fest. Sie galoppieren durch die Nacht.

„Ich lasse mich heute schönmachen", verrät Trabefix. „Denkst du, ich will immer ein weißes Pferd sein?"

„Du gefällst mir aber so am allerbesten", protestiert Andreas. „Mach bloß keinen Unsinn."

Darauf bekommt er keine Antwort. Sie reiten über Wiesen und Felder. Die Landschaft fliegt nur so unter ihnen dahin. Nicht mal der tiefe See kann das Traumpferd auf seinem Ritt aufhalten. Andreas zieht nun doch vorsichtshalber die Beine an. Aber Trabefix reitet über das Wasser, ohne daß es auch nur einmal spritzt.

Und schließlich kommen sie vor einem kugelrunden Haus an. Das Kugelhaus steht mitten auf einem Kreuzweg. Von allen vier Seiten haben sich Leute angestellt.

„Was machen die Leute hier?" fragt Andreas neugierig.

„Sie lassen sich schönmachen, was denn sonst?"

Trabefix ist ungeduldig. Solch großen Andrang hat das Traumpferd jedoch nicht erwartet.

„Das kann ja Stunden dauern!" Andreas ist enttäuscht. Er hatte mit einem lustigen Abenteuer gerechnet, aber nicht mit öder Warterei.

Weil das Traumpferd sich brav an eine Warteschlange anstellt, rutscht Andreas vom Pferderücken herunter. Er will sich erkundigen, wer sich im Kugelhaus denn schönmachen lassen möchte.

Da ist eine Frau, die noch viel mehr Sommersprossen auf der Nase hat als Andreas. Das sieht lustig aus und paßt zu ihr. Aber gerade die Sommersprossen stören sie. Und ein Mann mit Glatze steht auch in der Reihe. Der will dichtes, dunkles Haar haben, möglichst mit Locken.

Trabefix ist nicht das einzige Tier, das sich im Kugelhaus Verschönerung erhofft. Ein Dackel will gerade Beine, ein Krokodil goldene Zähne, ein Spatz will ebenso groß werden wie ein Adler.

„Lauter Unsinn!" schimpft Andreas mit Trabefix. „Und wie willst du dich verschönern lassen? Willst du vielleicht Räder unter deine Hufe?"

Trabefix wiehert. Das klingt wie Lachen. „Wäre nicht schlecht, wie ein Auto durch die Gegend zu brausen, was? Aber nachts haben zu wenige Tankstellen geöffnet. Das gäbe Schwierigkeiten. Ich will nicht mehr weiß sein, das ist alles."

„Überlege es dir noch einmal", bittet Andreas. „Traumpferde sind doch immer weiß."

„Eben!" meint Trabefix. Das klingt trotzig.

„Darf ich mit rein?" fragt Andreas. „Oder darf nur der in das Kugelhaus, der sich verändern lassen will?"

„Verschönern", verbessert ihn das Traumpferd. „Das ist ein großer Unterschied. Wenn du willst, kannst du mit reinkommen."

Sie warten noch mindestens zwei Stunden. Andreas sitzt längst wieder auf dem Pferderücken. Ganz sicher ist er inzwischen ein paarmal eingeschlafen. Er erschrickt richtig, als Trabefix im Paradeschritt durch das Tor des Kugelhauses stolziert. Wahrscheinlich hat er die letzte Viertelstunde verschlafen.

Im Kugelhaus ist es sehr hell. Überall hängen Spiegel. Jetzt aber schämt sich Andreas, weil er nicht ordentlich angezogen ist. Der Schlafanzug paßt wirklich

nicht gut hierher. Schnell rutscht Andreas vom Rücken des Traumpferdes und versteckt sich hinter einer Säule. Von da aus kann er alles gut beobachten.

„Du möchtest also ein buntes Pferd werden?" fragt die Wunschfrau.

„Ja. Ganz bunt!" antwortet Trabefix. „So bunt wie nur möglich."

Die Wunschfrau schüttelt ärgerlich den Kopf. „Das sind Faxen, Trabefix. Niemand wird dich dann noch jemals als Traumpferd anerkennen."

Trotzig wirft Trabefix den Kopf hoch und schüttelt die weiße Mähne.

Da winkt die Wunschfrau mit dem Zeigefinger. Von oben her klecksen alle Farben des Regenbogens auf das Traumpferd hernieder.

„Halt!" schreit Andreas. „Halt! Das sieht ja fürchterlich aus!"

Aber da ist nichts mehr zu machen. Das weiße Traumpferd ist über und über mit Farbe bekleckert.

„Jetzt bin ich wirklich schön!" sagt Trabefix zufrieden und bestaunt sich in den vielen Spiegeln. Doch die Freude dauert nicht lange. Andreas hört, wie die Leute in der Warteschlange vor dem Kugelhaus kichern. Er sieht auch, daß die Nachteule vor Schreck die Augen verdreht. Und als sie zum See kommen, machen die Frösche vor Lachen über das buntgefärbte Traumpferd Riesensprünge.

Trabefix bleibt stehen und scharrt mit den Hufen. „Ich bin aber jetzt schön!" beharrt er.

„Mir hast du vorher besser gefallen", sagt Andreas. „Komm, ich schrubbe dich so lange, bis du wieder weiß bist."

Trabefix ziert sich eine Weile, aber Andreas hat längst bemerkt, daß das Traumpferd seinen Wunsch bereut hat.

Es dauert lange, bis das weiße Fell wieder zum Vorschein kommt. Und wenn die Frösche nicht mitgeholfen hätten, wäre Trabefix bestimmt nicht bis zum Tagesanbruch sauber gewesen. So aber wundert sich nur ein Angler, warum der See am frühen Morgen in allen Farben schillert.

Siebenpunkt

Opa Feuerstein hat nicht nur einen wunderschönen, großen Garten, in dem viele Blumen und herrliches Obst wachsen, er weiß auch viele Geschichten. Vor allem erzählt er gerne Geschichten von den Tieren, die in seinem Garten zu Hause sind. Auch von ganz kleinen, wie den Marienkäfern.

„Marienkäfer sind sehr nützlich", erzählt Opa Feuerstein, als Irmela ihm einen zeigt, der auf ihrem Handteller herumspaziert. „Sie fressen Blattläuse."

„Früher gab es Maikäfer", sagt Irmela. „Das hat mir meine Oma erzählt. Sie waren aber viel größer und braun. Und wenn es in der Nacht kalt war, dann konnte man sie von den Bäumen schütteln. Warum gibt es heute keine Maikäfer mehr?"

„Ja, warum? Sie sind sehr selten geworden. Vielleicht, weil zuviel Chemie eingesetzt wird."

Irmela nickt. „Es gibt jetzt auch viel weniger Schmetterlinge. Nicht mehr so schöne bunte wie in den Büchern. Aber meine Oma hat gesagt, daß Maikäfer auch schädlich waren."

„Schädlich oder nicht. Keinesfalls haben sie solche Schäden verursacht wie das giftige Zeug, mit dem die Natur kaputtgemacht wird." Opa Feuerstein kann richtig wütend werden, wenn er über diese Dinge spricht. „Die Natur war früher in Ordnung. Die hat sich selbst geholfen. Aber heute..."

Irmela will ihn von seinen Ärgergedanken ablenken.

„Haben alle Marienkäfer sieben Punkte?" fragt sie.

„Nein", sagt Opa Feuerstein. „Es gibt sogar Arten, die schwarze Flügel haben und rote oder gelbe Punkte darauf. Und unter den glänzenden Flügeln haben sie noch mal welche, ganz zart und durchsichtig sind sie."

Und weil Irmela so gerne Geschichten hört, erzählt Opa Feuerstein vom Käfer Siebenpunkt:

„Das war ein ganz knallroter Marienkäfer. Wie lackiert glänzten seine Flügel mit den schwarzen Punkten. Und mutig war er auch. Ich beobachtete ihn, wie er im Frühjahr auf eine Tulpe losging. Die war genauso rot wie er und hatte große Blütenblätter. Die Staubgefäße waren schwarz. Siebenpunkt scheint sehr erschrocken gewesen zu sein: So ein riesiger Marienkäfer!

Mehrmals flog Siebenpunkt die Tulpe an, kehrte aber im letzten Augenblick immer um. Dann setzte er sich auf ein grünes Blatt und schien die Tulpe zu betrachten. Als nichts weiter geschah und die Bienen und Hummeln die Tulpe besuchten, ohne daß etwas passierte, traute sich Siebenpunkt auch auf die roten Tulpenblätter. Man konnte ihn kaum sehen, so gut paßten die roten Farben und das Schwarz zusammen. Aber als Siebenpunkt keine Blattläuse fand, flog er einfach davon. Ich glaube, auf den Rosen hat er dann eine reichliche Mahlzeit gefunden."

Irmela ist nachdenklich. Sie läßt den Marienkäfer, der es sich wieder auf ihrer Hand bequem gemacht hat, auf einen Johannisbeerstrauch krabbeln.

„Wir treffen uns wieder", sagt sie und lacht nun. „Jeden Tag, Punkt sieben Uhr. Irgendwo im Garten."

Charlys Buschtrommeln

An diesem Abend wollte Timo noch einmal die Geschichte mit den Buschtrommeln hören. Sein Vater dachte nach, denn er erinnerte sich nicht mehr ganz genau, was er beim ersten Mal darüber erzählt hatte.

„Als ich noch in Afrika war ...", begann er, doch er wurde sofort von Timos Mutter unterbrochen.

„Papa war nie in Afrika!"

„Weiter!" sagte Timo ungeduldig. „Wie war das mit den Buschtrommeln, die kilometerweit zu hören waren?"

Jetzt fiel seinem Vater die Geschichte auch wieder ein. „Ja, das war in einer Nacht, die sich überhaupt nicht abkühlen wollte. Ich saß vor dem Haus der Wildhüter und blickte in den Himmel, ob sich

nicht endlich Regenwolken zeigten. Da hörte ich dunkle Töne, die in einem bestimmten Rhythmus erklangen. Mich beunruhigte das, denn ich dachte, daß dies etwas Schlimmes bedeutete. Es konnte ja immer etwas passieren. Da trat Charly zu mir auf die Veranda. Charly kam immer irgendwie aus dem Nichts – ich hatte ihn nicht kommen hören. Er legte den Zeigefinger an die Lippen, als ich etwas sagen wollte, dann legte er die Hand wie eine Muschel um das rechte Ohr. Ich wußte, er wollte mich auf das Trommeln aufmerksam machen. Aber das hatte ich längst selbst vernommen.

‚Wieso trommeln sie?' fragte ich nach einer Weile. Charly hatte sich zu mir gesetzt, aber noch nichts gesprochen.

176

Jetzt sagte er auch nur ein Wort: ‚Regen.‘ Ja, den hätten wir gebrauchen können. Die Trockenheit war schlimm.

‚Wollen sie den Regen herbeitrommeln?‘ fragte ich.

‚Ja.‘ Sehr gesprächig war Charly nicht. Er schien immer noch in die Nacht zu horchen. Es war, als ob die Trommeln immer näher kamen. Und dann hatte ich plötzlich das Gefühl, daß ich in einem Kreis von Männern säße, die ihre Oberkörper im Rhythmus der Trommeln bewegten.

Ich konnte gar nicht anders als mitmachen.

Immer schneller wurden die Trommeln, und die Männer erhoben sich jetzt, um ihren Regentanz zu beginnen. Dabei stießen sie Laute aus, die ich nicht verstand, trotzdem schrie ich mit, tanzte ich mit. Unter den Masken, die die Männer trugen, erkannte ich keine Gesichter. Mir war aber, als ob ich die Augen mancher Tänzer schon gesehen hätte. Auch Charlys Augen waren dabei.

Die braunen Körper glänzten im Schein der Feuer, die angezündet worden waren. Um die Tänzer herum standen die Frauen des Dorfes. Sie klatschten im gleichen Takt mit den Trommeln.

Wie lange der Tanz ging? Ich kann es nicht sagen. Erschöpft fiel ein Tänzer nach dem anderen zu Boden. Die Feuer verloschen langsam, die Trommeln schwiegen. Auch ich war zu Boden gesunken.

Plötzlich spürte ich, daß es regnete. Erst ein Tropfen, dann ein zweiter, immer mehr.

Und was mich am meisten erstaunte: Ich war gar nicht weg gewesen. Noch immer saß ich vor dem Wildhüterhaus auf der Veranda. Ich streckte beide Hände in den Regen und freute mich über das Wasser. Dann lief ich einfach hinaus und ließ mich patschnaß regnen. Wie ein Verrückter rannte ich herum, sprang durch Pfützen und hielt mein Gesicht in den Regen.

Ich wollte Charly fragen, was das für ein Zauber gewesen war, mit dem sie den Regen geholt hatten. Aber Charly war verschwunden. Ich lauschte, um die Trommeln zu hören. Aber die Trommeln waren verstummt. Nur der Regen rauschte ein eintöniges Lied."

Timo horchte in sich hinein. Ihm war es bei der Erzählung des Vaters so gewesen, als ob er selbst auch die Trommeln gehört hätte.

Ob das ging, mit Trommeln Regen zu rufen? Sicher war das nur in Afrika möglich. Nicht vorstellbar, wenn hier in der Stadt einer Regen haben wollte und der andere nicht. Diese Trommelei!

Dino

Berti schüttelte seine Geldbörse vergeblich. Kein einziger Groschen hatte sich versteckt. Es reichte einfach nicht für die Eintrittskarte in das Museum.

„Ich muß rein!" dachte Berti immer wieder. Er hatte schon sein ganzes Taschengeld für Eintrittskarten ausgegeben. Achtmal hatte er den Urzeitriesen, den Dinosaurier, besucht.

„Ich muß rein! Dino wartet auf mich!"

Hinter einem Mann, der für sich und seine drei Kinder Eintrittskarten gekauft hatte, schmuggelte sich Berti hinein. Endlich stand er vor der riesigen Echse.

„Hallo, Dino, da bin ich wieder."

Dino bewegte ein kleines bißchen den riesigen Schwanz. Berti kannte diese Art der Begrüßung schon, die nur für ihn bestimmt war. Kein anderer Museumsbesucher hätte das bemerkt. Für die war der Dinosaurier ja auch nur ein Museumsstück. Aber nicht für Berti. Gleich beim ersten Mal hatten sie sich angefreundet.

„Ich kann erst in einer Woche wiederkommen", sagte Berti. „Mein Taschengeld für diesen Monat ist alle. Aber gleich am Ersten komme ich."

Dino nickte ein bißchen mit dem Kopf, der weit oben auf dem langen Hals saß. „Zu meiner Zeit brauchten wir kein Geld."

Berti konnte Dinos Gedanken verstehen, so als ob er sie laut sagte. „Da gab's ja auch noch keine Museen. Jetzt müssen alle Leute dafür bezahlen, wenn sie dich sehen wollen."

Der Mann mit den drei Kindern kam in den Saal.

Vor Fremden stand Dino immer stocksteif da. Niemand hätte geahnt, daß er mit Berti sogar reden konnte.

„Ooooch, is' dä niedlich." Das Mädchen wollte Dino anfassen, aber der Vater zog sie zurück.

„Siehst ned, wos do stehd? Ned obaggen, stehd do. Also laß fei die Finger vo dem Stück."

„War'n die wirglich so groß, Babba?" wollte der Junge wissen.

„Na freilich. Des is a Museum, Bu. Do stimmd fei alles."

Berti hörte Dino lachen. Wenn die bloß bald gingen, sonst lachte sich Dino noch kaputt.

„Do is' mer aber unser Bello handlicher", meinte der zweite Junge. „Stell dir vor, Babba, wieviel der frißd so übern Dog..."

Endlich verließen sie den Saal, und Berti war mit Dino wieder allein. Der kicherte immer noch.

„War das auch deine Menschensprache?" fragte er.

„Ja, halt so ein Dialekt. Bei euch gab es ja auch nicht nur die Dinosaurier, sondern auch die Flugsaurier und die Fischsaurier. Ich weiß sogar die lateinischen Namen dafür."

„Keine Kunst", meinte Dino. „Das steht auf den Schildern. Und Latein gab es zu meiner Zeit noch nicht. Das haben die

Menschen erfunden. Ich bin mindestens 65 Millionen Jahre alt."

„Weiß ich alles, Dino. Ich habe viel über euch gelesen. Aber du wolltest mir doch heute erzählen, warum ihr damals ausgestorben seid. Das hattest du mir versprochen."

„Ja, das ist aber eine lange Geschichte. Hast du so viel Zeit?"

Berti nickte nur. Er hatte doch nichts anderes mehr im Kopf, als hinter dieses Geheimnis zu kommen. Kein Wissenschaftler hatte es bisher ergründen können. Dino würde es nun ihm, Berti, endlich verraten.

Aber der Dinosaurier mußte sich erst erinnern. Immerhin waren seitdem über 65 Millionen Jahre vergangen. Endlich begann er seine Geschichte zu erzählen.

„Die Menschen kamen erst lange nach uns. Zu unserer Zeit gab es riesige Pflanzen, von denen sich die meisten von uns ernährten. Aber es gab auch fleischfressende Saurier. Wir fraßen manche Gegenden kahl, aber nach einigen hundert Jahren war alles wieder nachgewachsen. Hunger hatten wir eigentlich nie. Es war genug für alle da ..."

Plötzlich verstummte Dino. Der Vater und die drei Kinder kamen in den Saal zurück. Sie stellten sich vor Dino hin, ohne auf Berti zu achten, der sich hinter dem mächtigen Schwanz des Urzeitriesen versteckte.

„Also, ihr wollded wissen, wieso der Saurier do ausg'storben is. Gladd verhungerd isser, weil er dauernd g'fressen hod. Alla Blädder runder vom Baum. 's war eben scho damals mit der Umweld ned gud bestelld."

Als sie den Saal verlassen hatten, kroch Berti hinter dem Schwanz der Riesenechse hervor. „Nun erzähl weiter, Dino", bat er.

„Nein!" sagte Dino. „Die Menschen wollen mich zum Umweltsünder abstempeln. Machen mich verantwortlich für das, was sie kaputtgemacht haben. Ab sofort schweige ich."

Berti bettelte mindestens eine Stunde lang, dann gab er auf. Dino war nicht mehr dazu zu bewegen, auch nur ein Wort zu reden. Und deshalb erfuhr Berti leider auch nicht die Wahrheit darüber, warum die Saurier vor fast 65 Millionen Jahren ausgestorben sind.

Heiners Geburtstagswunsch

„Ich habe morgen Geburtstag", sagt Heiner zum Sandmann Paul. „Von dir wünsche ich mir, daß ich die ganze Nacht wach bleiben darf."

„Das ist ein sehr dummer Wunsch", antwortet der Sandmann. „In der Schule bist du dann müde."

Heiner aber besteht auf seinem Wunsch. Und von den Eltern wünscht er sich: „Einen ganzen Tag lang machen dürfen, was ich will!"

Tante Margret schüttelt bedenklich den Kopf, als sie das hört. „Das ist aber ein sehr dummer Wunsch", sagt auch sie. Doch Heiner kümmert das nicht. Er schaut nicht mal das Buch an, das Tante Margret ihm geschenkt hat.

„Wir dürfen heute machen, was wir wollen", ruft Heiner statt dessen seinen Geburtstagsgästen zu. „Das habe ich mir gewünscht. Und schlafen gehen muß ich auch nicht. Ich bleibe die ganze Nacht auf."

„*Du* darfst das", stellt sein Freund Mathias richtig. „*Wir* haben ja keinen Geburtstag heute."

Sooft Heiner vorschlägt, etwas zu tun, was man sonst nicht tun darf, weigern sich die anderen mitzumachen. So fährt er allein mit dem Fahrrad auf dem Fußweg, klingelt bei fremden Leuten und läuft dann davon.

„Heiner", mahnt die Mutter. „Solche Sachen machst du doch sonst auch nicht. Was soll denn das alles?"

Aber Heiner denkt wütend: „Erst versprechen sie einem alles, dann meckern sie. Nun mache ich erst recht noch viel tollere Sachen." Und so nimmt er den Kater Peppo und steckt ihn in die Mülltonne.

Und weil sein Freund Mathias und die anderen den Unfug nicht mitmachen wollen, schickt er sie nach Hause, noch bevor die Geburtstagsparty zu Ende ist.

„Solche Langweiler kann ich nicht gebrauchen", denkt er. „Und meine Limo kann ich auch allein trinken!"

Das alles ist sonst gar nicht Heiners Art. Er ist nur wütend, daß es gar nicht so viel Spaß macht, alles tun zu dürfen, was man sonst nicht darf. Böse zu sein ist auf die Dauer langweilig. Und weil er vor den Eltern nicht zugeben will, daß seine Freunde so wenig von der Limonade und dem Kakao getrunken haben, schüttet er alles in den Ausguß. Den Kuchen und die

Plätzchen füllt er in eine Tüte und bringt sie zur Mülltonne. Aber den Deckel hochzuheben traut er sich nicht, denn drinnen rumort wütend der Kater Peppo. Und der springt ihm womöglich ins Gesicht.

„Na, war's schön?" fragt ihn die Mutter abends. Sie hat natürlich gesehen, daß Heiner seine Geburtstagsgeschenke gar nicht angerührt hat.

„Prima war's!" behauptet Heiner. „Mal den ganzen Tag alles machen dürfen, das ist einfach…" Er spricht nicht weiter. Aber er will allen zeigen, daß sein Geburtstag ja noch nicht zu Ende ist. Deshalb schaltet er den Fernseher ein und drückt auf der Fernbedienung einen

Knopf nach dem anderen. Bei keinem Programm bleibt er länger als drei Minuten.

Es ist schon ziemlich spät. Sein Vater gähnt, er muß morgens immer früh raus.

„Geh schlafen, Heiner", mahnt auch die Mutter.

„Schlafen!" Heiner wäre nur allzu gern ins Bett gegangen, aber er weiß ja, daß er nicht schlafen können wird. Noch ist ja der Sandmännchenwunsch offen. Spaß macht ihm das alles inzwischen überhaupt nicht mehr. Und ein schlechtes Gewissen hat er auch.

Als er dann im Bett liegt, zählt er jede Viertelstunde mit, die die Kirchturmuhr anzeigt. Aber der Schlaf will nicht kommen. Nur der Nachtvogel fliegt ab und zu vorbei.

„Ob der Peppo noch in der Mülltonne sitzt?" denkt Heiner. „Er wird Hunger und Durst haben. Ob Mathias noch mein Freund ist, wo ich doch heute so unfreundlich zu ihm war?" Die schlimmsten Vorstellungen quälen ihn. Als dann die Kirchturmuhr Mitternacht ankündigt, huscht Heiner leise aus der Wohnung. Er will Peppo befreien. Vorsichtig schaut er in der Mülltonne nach. Aber sie ist leer. Darüber ist Heiner nun doch sehr froh. Die Kuchentüte nimmt er lieber wieder mit nach oben. Den Kuchen kann er ja am nächsten Tag in der großen Pause an die Freunde verteilen. Zitternd und frierend schlüpft Heiner dann wieder in sein Bett. Er ahnt nicht, daß der Sandmann Paul längst den Kater Peppo aus der Mülltonne befreit hatte und inzwischen den allerbesten Schlafsand auf seinem Kopfkissen verteilt hat. Was so ein alter, erfahrener Sandmann ist, der weiß natürlich, wann man mit den unüberlegten Wünschen kleiner Kinder Schluß machen muß.

Die Vater Morgana

„Was ist eine Fata Morgana?" fragte Timo seinen Vater. Er wollte wieder eine Afrikageschichte hören.

„Eine Fata Morgana?" Timos Vater dachte ein bißchen nach. Dann begann er zu erzählen: „Als ich noch in Afrika war, erlebte ich einmal eine solche Luftspiegelung..."

„Papa war nie in Afrika!" mischte sich Timos Mutter ein. „Und er hat höchstens eine Vater Morgana erlebt!"

Timo kicherte. Sein Vater zog die Stirn in Falten. „Eine Fata Morgana!" betonte er nachdrücklich. „Also, ich war mit Charly in der Wüste unterwegs, weil wir für eine Rallye trainierten. Mit dem Motorrad natürlich, nicht etwa mit dem Hubschrauber. Auf einmal streikte die Maschine. Wir stiegen ab und suchten nach der Ursache. Die war schnell gefunden: ein Leck im Tank.

Es war glühend heiß. Wenn wir soviel Wasser gehabt hätten wie Schweiß am Körper, wären wir fein raus gewesen. Aber auch unser Wasservorrat war zu Ende. Das Leck ließ sich zwar dichten, aber woher sollten wir Benzin nehmen..."

„War keine Oase mit einer Tankstelle in der Nähe?" fragte Timo, der sich in Vaters Afrikageschichten schon recht gut auskannte.

„Weit und breit keine zu sehen!" antwortete der Vater. „Zu allem Unglück kam noch ein Sandsturm auf. Kein riesig großer, aber es reichte immerhin, unsere Spuren zu verwischen.

Als der Sandsturm nachließ, wußten wir nicht mehr, woher wir gekommen waren.

,Von dorther!' behauptete Charly.

,Nein, von dorther!' Ich war mir ziemlich sicher, die Sandwelle schon einmal gesehen zu haben. Damals wußte ich

186

noch nicht, wie sehr sich die Wüste bei Stürmen verändert.

‚Und was machen wir mit der Maschine?' fragte ich Charly.

‚Schieben.' Charly war wieder mal sehr einsilbig. Und außerdem war er eingeschnappt, weil ich nicht in die Richtung laufen wollte, die er angegeben hatte. Er half nicht mal beim Schieben der schweren Maschine. Nach etwa hundert Schritten konnte ich nicht mehr.

‚Wenn wir wenigstens was zu trinken hätten', stöhnte ich.

Charly grinste übers ganze Gesicht. Ihm schienen weder Hitze noch Durst etwas auszumachen. Er steckte den Zeigefinger in den Mund, dann hielt er ihn in die Luft, als ob er feststellen wollte, aus welcher Richtung der Wind weht. Dann deutete er dorthin, woher wir gekommen waren. Ärgerlich drehte ich mich um. Doch was ich sah, ließ mir den Atem stocken! Ich warf das schwere Motorrad einfach in den Sand und rannte los. Ganz in der Ferne erblickte ich nämlich Palmen. Wie hatte ich das vorhin nur übersehen können!

‚Halt!' rief Charly hinter mir her. ‚Das Motorrad!'

Aber ich kümmerte mich nicht mehr darum. Was ich sah, trieb mich schneller voran, als wenn ich den Tank voll Sprit gehabt hätte.

Eine Oase! Palmen! Und unter den Palmen zwei Reihen Getränkeautomaten! Ich rannte, was das Zeug hielt, und suchte schon in den Hosentaschen nach Kleingeld, damit ich sofort eine Dose Limo aus dem Getränkeautomaten ziehen konnte.

‚Halt!' Charly schrie immer noch hinter mir. Aber ich drehte mich nicht um, denn ich wollte nicht sehen, wie er keuchend das Motorrad durch den Sand schob.

Das Eigenartige war nur, daß die Oase mit den Getränkeautomaten nicht näher kam, obwohl ich schon gar keine Puste mehr hatte. Der Hals war wie ausgetrocknet. Ich bekam Mitleid mit Charly, der sich mit der schweren Maschine abplagen mußte, und drehte mich um. Charly saß quietschvergnügt im Sand und grinste mich an. ‚Eine Fata Morgana, keine Oase!'

Ich ließ mich neben ihm in den Sand fallen. Die ganze Rennerei war umsonst gewesen. Mit letzter Kraft fauchte ich Charly an: ‚Und da läßt du mich einfach losrennen? Ich hätte einen Hitzschlag kriegen können.'

‚Du bist ja sowieso nur im Kreis herumgelaufen', sagte Charly ungerührt. ‚Und außerdem müssen wir dorthin.' Er zeigte in irgendeine Richtung. Ich schaute gar nicht hin, weil ich sowieso nicht mehr imstande war, auch nur einen einzigen Schritt zu tun ...

Plötzlich stand Charly mit einem Krug eisgekühlter Limo vor mir. Ich wischte mir über die Augen, weil ich dachte, das sei wieder eine Fata Morgana. Aber ich war wohl nur in der Mittagssonne auf der Veranda unserer Wildhüterstation ein wenig eingenickt. Und da kann es schon mal vorkommen, daß man solche Alpträume hat."

„Jetzt habe ich richtig Durst bekommen", sagte Timo. „Ich werde mal in unserer Kühlschrank-Oase nachschauen, ob ich was für uns finde. Willst du ein Bier?"

Bevor Timos Vater antworten konnte, stand die Mutter mit einem Tablett in der Tür. „Damit ihr nicht verdurstet, bevor ihr die Oase erreicht!" sagte sie lachend. „Schade, daß es in Papas Geschichte keine Mutter Morgana gibt. Die hätte nämlich ziemlich schnell den Kühlschrank gefunden. Mitten in der Wüste."

Anna ist doof!

Wütend warf Anna ihren Schulranzen in die Ecke. Auf die Fragen ihrer Mutter gab sie keine Antwort. Als sie beim Mittagessen den nur halb geleerten Teller wegschob und nicht mal den Vanillepudding mit Himbeersoße essen wollte, sagte ihre Mutter: „Du bist krank, Anna. Ich werde den Arzt anrufen."

„Ich bin nicht krank", sagte Anna. „Ich bin ..."

Endlich hatte Anna etwas gesagt. Aber was mit ihr los war, erfuhr ihre Mutter erst nach langem und geduldigem Fragen.

„An der Hauswand steht es. Mit ganz großen Buchstaben: *Anna ist doof!* Aber das ist ungerecht. Im Diktat hatte ich nur drei Fehler. Und beim Rechnen war ich die Zweitbeste." In Annas Augen glitzerten plötzlich Tränen.

„Vielleicht bist du gar nicht damit gemeint", tröstete Annas Mutter. „Könnte doch sein, es gibt noch mehr Mädchen, die ..."

„Nein", sagte Anna. „Ich weiß ja, wer das geschrieben hat."

Aber sie gab den Namen des Schreibers nicht preis, sosehr ihre Mutter auch bohrte. Da ging Annas Mutter zur Hauswand, um sich anzuschauen, was da über ihre Tochter geschrieben worden war. Da stand: *Ana is doof!*

Es war mit gelber Kreide an die roten Klinkersteine geschrieben. Das konnte man leicht wieder abwischen. Aber Annas Mutter ließ es stehen. Lächelnd kehrte sie ins Haus zurück.

„Hast du eigentlich mal genau gelesen, was auf der Hauswand steht?" fragte sie. „Wer das geschrieben hat, der könnte noch mehr als drei Fehler im Diktat haben."

Anna schaute trotzig zum Fenster hinaus. „Hat sogar acht Fehler gemacht. Weil er von mir abgeschrieben hat."

„Deine Fehler abgeschrieben?"

„Klar. Und meine drei habe ich absichtlich gemacht."

Jetzt wußte Annas Mutter, wer der Hauswandschreiber war. „Martin hat also beim Diktat von dir abgeschrieben. Und du wolltest ihn reinlegen, indem du selbst Fehler gemacht hast."

Dazu sagte Anna lieber nichts. Im nachhinein fand sie es ja selbst nicht gut. Sie hätte Martin einfach sagen müssen, daß es ihr nicht paßte, wenn er dauernd in ihr Heft schielte.

„Warum ist denn der Martin so schlecht im Diktat?" fragte Annas Mutter. „Konntest du ihm nicht vorher helfen?"

„Nein." Anna wollte nicht darüber reden. Sie hatte sich beim Schwimmen über Martin geärgert, weil er sie vom Beckenrand ins Wasser geschubst hatte, obwohl er wußte, wie unsicher sie noch war. Dann hatte er mit den anderen über sie gelacht. „Die stellt sich aber doof an! Anna ist doof!"

„Jetzt ist Martin doof!" sagte Anna.

189

Annas Mutter schüttelte nur den Kopf. „Ihr benehmt euch wie dumme Kinder. Du bist auch nicht besser als Martin, was immer er dir auch getan hat."

Am anderen Morgen, als Anna zur Schule ging, traute sie ihren Augen kaum. Die Schrift auf der Hauswand war weggewischt.

„Warst du das?" fragte sie Martin. „Hast du das wieder weggewischt von der Hauswand?"

Martin bekam einen roten Kopf.

„Deine Mutter hat mich zu fassen gekriegt. Aber ich wollte es sowieso gerade wieder abwischen. Du warst wegen der Schubserei wütend. Aber deswegen mußtest du nicht extra Fehler ins Diktat schreiben. War wirklich . . ."

„Doof! Ich weiß. Deshalb war ich ja auch so wütend, weil es eigentlich stimmt. Übrigens schreibt man Anna mit zwei ‚n', und beim ‚is' fehlt ein ‚t'. Wir müssen noch viel üben."

„Schwimmen auch", feixte Martin.

Der Traumdelphin

Der Urlaub war erst richtig schön geworden, seit Andreas den Delphin Andy kennengelernt hatte. Die Show im Delphinarium hatte er nun schon fünfmal gesehen. Und weil Andreas dem Delphintrainer aufgefallen war, durfte er Andy mit Fischen füttern.

„Er heißt wie ich", sagte Andreas. „Andy ist nur eine Abkürzung."

Der Delphin Andy schien ihn auch besonders gern zu haben. Er ließ sich streicheln, und Andreas hätte schwören können, daß der Delphin verstand, was er ihm sagte.

Nachts träumte Andreas sogar von seinem Delphin. Er erzählte ihm von Trabefix, seinem Traumpferd, das nun wieder ganz weiß war. „Wir reiten nachts oft aus."

„Das können wir auch", sagte der Traumdelphin. „Wellenreiten macht besonders viel Spaß. Oder tauchen."

Und ehe Andreas es sich versah, saß er auf dem Rücken des Delphins, und los ging's.

„Wenn du genug hast vom Wellenreiten, dann besuchen wir das Korallenriff", sagte der Traumdelphin.

Andreas hätte stundenlang auf dem Rücken des Delphins durch die Wellen reiten können, aber das Korallenriff reizte ihn natürlich auch. Und schon waren sie unter Wasser. Manchmal mußten sie wieder auftauchen, damit Andreas Luft holen konnte. Aber es war wunderschön bei den Riffen und seltsamerweise auch gar nicht dunkel wie sonst in der Nacht. Und die Luft reichte auch ganz schön lange.

Große Fischschwärme zogen vorüber. Die Fischleiber glänzten in allen Farben und hatten immer wieder andere Formen. Andreas konnte gar nicht genug

bekommen; ständig wechselten die Unterwasserbilder. Ab und zu fing er einen Fisch ein und ließ ihn dann wieder aus der Hand gleiten.

„Gefällt es dir?" fragte der Traumdelphin.

„Es ist wunderschön!" sagte Andreas. Er rutschte vom Rücken des Delphins und ging auf dem Meeresboden spazieren. Das ging ganz leicht, und er konnte große Sprünge machen.

Da stupste ihn plötzlich der Delphin an. „Paß auf, da vorn kommt ein Hai. Setz dich lieber wieder auf meinen Rükken."

Schnell stieg Andreas wieder auf. Ihm war vor Schreck fast die Luft ausgegangen. Als sie auftauchten, schnappte er deshalb wie ein Fisch, den man an Land geworfen hatte. Der Hai aber hatte sie schon bemerkt. Er zog große Kreise um Andreas und den Traumdelphin.

„Hab keine Angst", sagte Andy zu Andreas. „Ich bringe dich schon in Sicherheit. Aber halte dich gut fest."

Und schon tauchte der Traumdelphin unter. Mit großer Geschwindigkeit schwammen sie auf das Ufer zu. Doch der Hai ließ sich nicht abhängen. Er war immer dicht hinter ihnen her.

Andreas hörte, daß der Delphin seltsame Laute von sich gab. „Was ist?" fragte er. „Hast du auch Angst vor dem Hai?"

Da lachte der Delphin nur. „Nein, ich will dir nur zeigen, wie wir ihn schnell loswerden. Sieh mal hinter dich."

Als Andreas sich umdrehte, sah er nur eine dunkle Brühe. Vom Hai war nichts mehr zu sehen. Aber mindestens ein Dutzend Tintenfische schwammen nun neben ihnen her.

„Danke, das habt ihr prima gemacht!" Der Traumdelphin tauchte nun wieder auf, damit Andreas mit ihm auf die Küste

zureiten konnte. Es gab ganz hohe Wellen, aber das machte noch mehr Spaß. Andreas hatte überhaupt keine Angst.

„Zeigst du mir morgen wieder etwas?" fragte er.

„Ja. Morgen schwimmen wir zu dem Wrack."

„Zu einem richtigen Schiffswrack? Wann ist denn das Schiff untergegangen?" Andreas wollte gleich zwei Fragen auf einmal beantwortet haben.

„Ach, das war schon vor dreihundert Jahren, vielleicht auch vor vierhundert. So genau weiß ich das nicht."

Andreas war begeistert. Sie waren inzwischen am Strand angekommen. Der Traumdelphin legte Andreas sanft in den Sand, denn der träumte inzwischen schon von den Schätzen, die er im Schiffswrack aufstöbern würde. Ganze Kisten, übervoll mit Goldmünzen, Juwelen und Perlen ...

Das Christbaumgespenst

Am ersten Weihnachtsfeiertag stellte der Vater fest: „Da hat jemand Schokolade vom Christbaum genascht!"

Karsten bekam rote Ohren, und Imma betrachtete sich sachkundig den Schaden.

„Das Papier hängt noch dran, da ist nur die Schokolade raus. Ich war's nicht."

„Na, denkste, ich?" protestierte Karsten. „Mama hat doch gesagt, wir dürfen erst nach Neujahr ran."

„Letztes Jahr hast du auch vorher..." Imma wurde verlegen, denn ihr fiel ein, daß sie sich damals an der Plünderung des Christbaumes beteiligt hatte.

Der Opa kam zu Hilfe. Er war über die Weihnachtstage zu Besuch. Auch er besah sich die leeren Stanniolhülsen. „Das wird das Christbaumgespenst gewesen sein", sagte er.

„Christbaumgespenst?" fragten Imma und Karsten zur gleichen Zeit.

„Gibt's doch gar nicht!" sagte der Vater. „Rede den Kindern nicht solchen Blödsinn ein."

Der Opa ließ sich aber nicht beirren. „Das Christbaumgespenst gibt es wohl!" behauptete er. „Es schläft das ganze Jahr über in einem der Kartons, in denen der Baumschmuck aufbewahrt wird. Es wird erst munter, wenn der Christbaum geputzt wird. Dann paßt es ganz genau auf, wo die besten Süßigkeiten hängen. Es ernährt sich nämlich nur von Schokolade und Bonbons."

„Oh!" sagte Imma. „Und wann verschwindet es wieder?"

„Erst wenn der Christbaum ratzekahl gefressen ist. Da bleiben nur die Kugeln und das Lametta hängen." Der Opa lachte verschmitzt. „Ihr müßt nur aufpassen, wenn ihr nachts nach dem Baum schaut. Da könnt ihr dem Gespenst vielleicht begegnen."

„Wir doch nicht!" protestierte Imma heftig.

„Ich schlafe nachts. Da kann ich ihm nicht begegnen." Karstens Stimme klang ziemlich fest. Seine Ohren waren aber immer noch rot.

194

„Kommt es um Mitternacht, zur Geisterstunde?" wollte Imma von ihrem Opa wissen.

Der überlegte eine kleine Weile, dann sagte er: „Soviel ich weiß, hält es sich nicht an die üblichen Gespensterzeiten. Es ist nämlich schon frühmorgens gesehen worden, wenn die meisten Leute noch schlafen. Oder spätabends..."

Imma wurde nicht rot. Sie wurde blaß. „Da ist man ja nie sicher. Wie sieht das Gespenst denn aus?"

Wieder überlegte der Opa. „Am liebsten trägt es Nachthemden oder Schlafanzüge. Und wen es erwischt, den..."

„Jetzt ist aber Schluß mit dem Unsinn!" Die Mutter mischte sich nun auch in das Gespräch. „Ich kenne dieses Gespenst. Ziemlich genau sogar. Und ich vermute, wenn es so weitermacht, wird es dick und kriegt schlechte Zähne."

„Wir aber nicht!" protestierte Karsten, denn er vermutete eine Verdächtigung hinter den Worten der Mutter.

Am zweiten Weihnachtsfeiertag fehlte nichts vom Christbaum. Imma hatte sich genau gemerkt, wie viele von den schokoladenen Herzen, Zapfen, Pilzen und Sternen an den Zweigen hingen.

Karsten brauchte nur kurz hinzuschauen. „Heute nacht war es nicht da", sagte er. „Und ich weiß, wie wir es ganz vertreiben können."

Im Laufe des Vormittags malte er viele kleine Schildchen, die er an den Christbaum hängte. Fürchterliche Fratzen waren da zu sehen.

„Wie bei den Erdbeeren", sagte Imma.

Sie lachte. „Da machen sich aber die Amseln und die Katzen auch nichts draus. Die fressen immer wieder an den Erdbeeren herum."

Imma hatte recht.

Das Christbaumgespenst schien sich vor dem neuen Schmuck nicht zu fürchten. Denn zwischen Weihnachten und Neujahr fehlten immer wieder Schokoladenzapfen und Schokoladennüsse von den unteren Zweigen. Die bogen sich schon nach oben, so leicht waren sie geworden.

Eines späten Abends lag Imma wach in ihrem Bett. In der Wohnung war alles schon ruhig. Imma aber konnte einfach nicht schlafen. Sie war munter wie am Tage. Und Hunger hatte sie außerdem. Sie beschloß, einen dicken Zapfen und eine dicke Nuß aus Schokolade vom Christbaum zu holen. Es fehlte ja sowieso jeden Tag was, und die Mutter hatte da so einen eigentümlichen Blick, wenn Imma die Schokoladenstücke nachzählte und gegen die leeren Stanniolhülsen blies.

Barfuß schlich Imma ins Wohnzimmer. Der Wind heulte ums Haus. Es war stockdunkel, denn die Rolläden waren alle ganz heruntergelassen. Doch Imma fand den Weg zum Christbaum auch ohne Licht. Sie schlich leise wie eine Katze. Nicht mal die Wohnzimmertür brauchte sie zu öffnen. Die Tür war nur angelehnt. Imma stellte vorsichtig einen Stuhl an den Baum heran, weil sie wußte, daß nur noch oben große Schokoladenstücke hingen. Aber ihr war recht unheimlich zumute. Ihr war, als hörte sie jemanden atmen.

Als Imma die Hand ausstreckte, um nach einem Stück Schokolade zu fassen, stieß sie an etwas, was nicht zum Christbaum gehörte.

Das Christbaumgespenst!

Imma sprang voller Schrecken vom Stuhl und lief entsetzt in ihr Zimmer.

Von dieser Nacht an fehlte nichts mehr vom schokoladenen Christbaumbehang. Und Karsten nahm stillschweigend die Vogelscheuchenschilder ab.

Als der Opa nach dem Neujahrstag abreiste, sagte er: „Na, diesmal hat wohl das Christbaumgespenst gar keinen so richtigen Appetit?"

„Aber Opa!" sagten Imma und Karsten da. „Du glaubst doch nicht etwa an Gespenster."

Die Baumpaten

In der Lindenstraße waren große Betonkübel aufgestellt worden. Dann kam ein
Auto mit Bäumen, die mindestens zwei
Meter groß waren. Tilda freute sich. Endlich würde es in der Straße wieder
Bäume geben, die jedes Jahr ein Stück
größer wurden und in ein paar Jahren
Schatten gaben. Die Betonkübel standen so, daß die Autos nicht mehr so
schnell durch die Lindenstraße rasen
konnten. Auch darüber freute sich Tilda,
denn vielleicht konnte man dann wieder
auf dem Fußweg spielen.

Sie zählte die gepflanzten Bäume: Siebenundzwanzig waren es. Am liebsten
wären ihr ja Linden gewesen, weil dann
die Straße ihren Namen zu Recht gehabt
hätte. Aber Linden vertrugen wohl die
Abgase der Autos schlecht. Und so war
Tilda auch mit Rotdorn zufrieden.

Bald merkte Tilda jedoch, daß die
Bäumchen die Blätter hängen ließen. Es
hatte lange nicht geregnet. Die Betonkübel waren ausgetrocknet, und die Rot-
dornbäumchen konnten ihre Wurzeln ja
nicht weiter in die Erde ausstrecken. Sie

nahm einen kleinen Eimer und füllte ihn mit Wasser. Damit goß sie den Baum, der genau vor dem Haus stand, in dem sie wohnte. Aber ein Eimer Wasser war viel zuwenig. Und so mußte sie mehrere Male gehen. Dann nahm sie sich die Bäume rechts und links daneben vor. Tilda schwitzte vor Anstrengung, und sie dachte: „Das wird morgen einen Muskelkater geben! Ich werde mich kaum rühren können. Und wer gießt dann die Bäumchen? Alle siebenundzwanzig? Es ist zuviel Arbeit für ein einziges Mädchen. Da muß ich mir was anderes ausdenken. Aber was?" Sie hatte trotz aller Anstrengung nur acht Bäumchen gießen können. „Da müssen andere auch mitmachen, gemeinsam schaffen wir es!"

Tilda holte ihren Zeichenblock heraus und malte eine Straße mit siebenundzwanzig Bäumen in siebenundzwanzig Betonkübeln rechts und links der Straße. Sie malte traurige Bäume mit vertrockneten Blättern, und sie schrieb die Hausnummern neben die Betonkübel. Dann schrieb sie kleine Zettel. „Wir übernehmen die Patenschaft für das Bäumchen vor unserem Haus!" stand darauf.

Der nächste Tag war wieder heiß und trocken. Kein Wölkchen stand am Himmel. Tilda goß den Baum vor dem Haus, dann machte sie sich auf den Weg. Sie ging in jedes Haus, vor dem ein Baumkübel stand.

„Wäre es möglich, daß Sie die Patenschaft über Ihren Hausbaum übernehmen?" fragte sie die Mieter.

Nur selten bekam sie ein Nein zu hören. „Wir wären von allein gar nicht darauf gekommen", bekam sie meistens zur Antwort. Manche Leute sagten, daß sie die Baumkübel noch gar nicht bemerkt hätten. Tilda schrieb auf ihre Zeichnung neben den Bäumchen die Namen der Leute, die sich um ihren Hausbaum kümmern wollten. Als sie abends das Blatt mit Klebestreifen an der Wand über ihrem Bett befestigte, waren alle Bäumchen mit Paten versorgt. Manche hatten sogar zwei oder drei Baumpaten.

Tildas Mutter schaute sich die Zeichnung an. „Da wirst du wohl bald die verwelkten Blätter durch grüne ersetzen müssen", sagte sie. „Ich denke, daß die Leute erst durch dich gemerkt haben, wie gleichgültig sie durch die Straße gegangen sind."

„Aber jetzt hat jeder Baum in der Straße einen Menschen, der sich um ihn kümmert", dachte Tilda. „Denn siebenundzwanzig Bäume sind für mich wirklich zuviel. Und wenn mal jemand vergißt, seinem Hausbaum Wasser zu geben, dann kann ich ja ausnahmsweise mal einspringen."

Wenn die Hochhaushexe streikt

„Es ist ungerecht, uns Hexen immer Böses nachzusagen", dachte die Hexe Machmalschnell. Sie wohnte nicht im Wald in einem alten Hexenhaus, schon gar nicht in einem, das mit Pfefferkuchen behängt war. Nein, die Hexe Machmalschnell wohnte in einem Hochhaus, im alleobersten Stockwerk. Von dort aus konnte sie nämlich am besten mit ihrem Besen starten.

Der schlechte Ruf, den die Hexen hatten, ärgerte sie sehr. Das sagte sie auch beim Hexenkaffeetreff: „Wir müssen beweisen, daß wir bisher verleumdet worden sind. Die Hänsel-und-Gretel-Hexe und ein paar andere haben unseren Ruf geschädigt. Wer steckt denn heute noch Kinder in den Backofen!"

„Hat sie ja gar nicht!" rief die Hexe Neunmalklug dazwischen. „Sie war zu langsam. Die Kinder haben sie in den Ofen gesteckt."

Und nun kam eine lange Aufzählung von Geschehnissen, bei denen böse Hexen das Nachsehen hatten. Deshalb waren hauptsächlich brauchbare Hexen übriggeblieben, solche, die den Kindern halfen. Ihre guten Taten mußten sie auch immer bei den Hexentreffen bekanntgeben. Darüber wurde genau Buch geführt. Mindestens dreimal im Jahr mußten sie schnelle Hilfe leisten, sonst wurde ihnen der Name Hexe aberkannt.

Die Hochhaushexe Machmalschnell war schon bei der dritten guten Tat, obwohl es erst August war. „Ich habe für Berni und Anuschka den Fahrstuhl hochgehext, weil sie sonst den Schulbus verpaßt hätten. Die olle Mahlzahn hatte wieder mal die Tür nicht zugemacht, da habe ich ..."

„Wird gewertet!" bestimmte die Oberhexe.

„Ist ja keine Kunst, Hexe im Hochhaus

zu sein! Da passiert dauernd was", maulte eine junge Hexe, die in einem Friseurladen wohnte. „Ich kann höchstens mal die Lockenwickler einsortieren. Was ist das schon? Wenn ich wenigstens mal die Farben durcheinanderbringen dürfte! Aber nein, selbst für die Punks muß die Farbe haargenau stimmen. Dabei ist Lila meine Lieblingsfarbe."

„Man sieht es", unterbrach die Oberhexe den Redeschwall und schaute naserümpfend auf die lilafarbenen Haare der jungen Hexe. „Bis zum nächsten Mal hast du was Ordentliches gehext, sonst kannst du als Auszubildende bei deinem Friseur anfangen."

Die Hochhaushexe Machmalschnell mußte noch darüber lachen, als sie längst auf ihrem Besen heimwärts ritt. Sie fühlte sich prima, denn ihre drei guten Taten hatte sie erfüllt. Bevor sie auf dem Hochhausdach landete, drehte sie noch eine Extrarunde. Da entdeckte sie, daß sich Bernis Drachen mit der langen Schnur am Schornstein verheddert hatte. Schnell hexte sie die Schnur zu einem ordentlichen Knäuel zusammen und befestigte den Drachen samt Schnur an Bernis Balkongeländer. Dann flog sie zu ihrem Wohnzimmerfenster und schwang sich vom Fensterbrett aus in ihre Wohnung. Da klingelte auch schon das Telefon. Anuschka rief an. „Können Sie mal schnell meinen Wellensittich einfangen, Frau Machmalschnell? Ich habe vergessen, das Fenster zu schließen..."

„Ich kann doch nicht hexen!" brummte die Hexe Machmalschnell in den Telefonhörer. Sie war total übermüdet und hätte sich lieber erst mal zu einem Nickerchen auf die Couch gelegt.

„Und ob Sie hexen können!" rief

Anuschka durchs Telefon. „Wir wissen es. Ganz bestimmt. Bitte, hexen Sie meinen Hansi zurück."

Seufzend ging die Hexe Machmalschnell zum Fenster, um den Wellensittich Hansi einzufangen. Aber der saß längst auf dem Fensterbrett und ließ sich gerne auf dem Handrücken der Hexe Machmalschnell nieder. War das nun auch eine Gutehexetat?

„Hol dir deinen Satansbraten von Wellensittich bei mir ab", knurrte die Hexe in den Hörer. „Aber beeil dich. Ich bin müde."

Als Anuschka an der Tür klingelte, hexte die Hexe Machmalschnell die Tür einfach auf. Ihr taten die Füße weh, und sie wollte lieber auf der Couch liegenbleiben. Sie hexte auch noch für Anuschka den Topflappen fertig, weil sie nicht mit ansehen konnte, wie sich das Mädchen dauernd verhäkelte. Und dann hexte sie eine prima eiskalte Limo und knusprige Kekse auf den Tisch.

„Wie bei Hänsel und Gretel", sagte Anuschka und stopfte sich den fünften Keks in den Mund. „Hexen Sie bitte den Berni auch hierher? Er soll nämlich …"

„Genug gehext!" sagte die Hexe Machmalschnell. „Was würdet ihr ohne mich anfangen? Ich helfe zwar gerne, aber ihr verlaßt euch nur darauf, daß ich alles in Ordnung bringe. Hext mal lieber selber. Ich streike ab sofort. Meine drei guten Hexereien habe ich für dieses Jahr längst erfüllt. Ich will ja vor den anderen nicht als Streberin dastehen." Das war eine lange Hexenrede. Und davon wurde die Hexe Machmalschnell nun so müde, daß sie einschlief.

Anuschka nahm vorsichtig ihren Wellensittich von der Hand der schnarchenden Hochhaushexe. Als sie zur Tür ging, sah sie im Korridor den Besen stehen. „Irgendwann muß sie mir das Hexen beibringen", dachte sie. „Wird ja auch zuviel für eine einzige Hexe, diese dauernden Hochhaushexereien."

Die Sonnenblumenschule

Erst am dritten Tag traute sich Christian, sie zu fragen. Auf dem Nachhauseweg blieb er beim Einsteigen in den Schulbus zurück, bis er genau wußte, wohin Katrin sich gesetzt hatte. Der Platz neben ihr würde frei bleiben, da war er ganz sicher.

„Wo hast du denn die ganze Zeit gesteckt?" fragte er. „Früh bist du im Bus, mittags auch. Aber dazwischen? In der Schule fehlst du."

Katrin rückte von ihm ab in die Fensterecke. Erst als der Bus losfuhr, drehte sie ihm wieder das Gesicht zu. „Hat jemand nach mir gefragt?"

Christian sah auf ihrem Gesicht Tränenspuren. „Nur Frau Klingbeil. Sie fragte, ob jemand weiß, was mit dir los ist."

„Und? Hat es jemand gewußt?" Katrin war abweisend, und sie versuchte, ihre Füße unter dem Sitz zu verstecken. Christian sah, daß ihre Schuhe schmutzig waren. An den Schuhsohlen klebten Lehm und ein paar feuchte Blätter.

„Sei froh, daß niemand was sagen konnte", meinte er. „Sie wußten nicht mal, daß du früh und mittags im Bus bist."

„Das ist es ja!" Katrin hatte wieder Mühe, ihre Tränen zurückzuhalten. „Sie bemerken mich kaum. Ihr seid genauso wie eure Betonschule!"

Den Vorwurf wollte Christian nicht auf sich sitzen lassen. „Ich habe dich bemerkt. Von Anfang an."

Als Katrin an ihrer Haltestelle aus dem Schulbus stieg, schloß sich Christian an.

„Wohnst du da?" fragte er, als sie auf einen der Hochhausblocks zuging. Kahl und abweisend wirkte alles hier. Die wenigen kahlen Bäumchen standen wie verloren im tristen Novemberwetter.

Katrin gab auf seine Frage keine Antwort. Aber bevor sie ins Haus ging, sagte sie: „Wir hatten da, wo wir bis zum Sommer wohnten, ein kleines Haus mit einem Garten. Zur Schule konnte ich zu Fuß gehen. In unserem Schulhof standen viele Bäume, und an den Zaun

205

pflanzten wir Sonnenblumen. Viele Sonnenblumen. Damit konnten wir im Winter die Vögel füttern ..."

Christian mußte ihr recht geben. Die Betonschule, wie sie sagte, war wirklich nicht schön. Ein Riesenbau war es, aber

mit ganz wenig Platz für Bäume und Sträucher. Schon gar nicht für Sonnenblumen am Zaun. Nur für Autos war Platz.

Katrin wurde noch stiller und trauriger.

„Soll ich vielleicht Blumentöpfe mit Sonnenblumen hinstellen?" fragte Christian wütend, weil es ihm nicht gelang, sie aufzuheitern.

„Warum nicht?" sagte Katrin nur.

An dem Montagmorgen, als die erste gelbe Sonnenblume auf der Betonmauer entdeckt wurde, hatte es geschneit. Die Blume war an die Wand gesprayt worden. Riesig wuchs ein grüner Stiel mit Blättern aus dem Schnee die Mauer empor. Der Blütenkorb leuchtete wie eine Sonne.

Der Hausmeister drohte dem Sprayer die ärgste Strafe an, aber die Kinder waren in der Pause auf dem Schulhof um so fröhlicher. Katrin, die nun regelmäßig in die Schule kam, sah Christian verschwörerisch an. „Warst du das?"

Christian grinste nur und zuckte mit den Schultern.

Fast täglich kam eine Sonnenblume hinzu. Zu Weihnachten war es schon ein Sonnenblumenwald, der goldgelb von den grauen Betonwänden strahlte. Es schienen sich auch mehrere junge Künstler zu beteiligen, denn die unterschiedlichsten Sonnenblumen wurden mit Spray, Plakatfarben oder bunten Krei-

den auf die Wand gezaubert. Und der, der den blauen Himmel und die Wolken darüber gemalt hatte, war bestimmt nicht ohne Leiter ausgekommen. In der Lehrerkonferenz muß es ziemlich turbulent hergegangen sein, denn die Mehrzahl der Lehrerinnen und Lehrer weigerte sich, einer Säuberungsaktion zuzustimmen.

Katrin und Christian zählten jeden Tag den Zuwachs an Sonnenblumen. „Du hast damit angefangen", sagte Katrin einmal. „Und jetzt spüren so viele, daß man sich nicht einfach an die grauen Wände gewöhnen darf."

„Aber es sind nur Farbkleckse auf einer grauen Betonwand", wandte Christian ein. „Das darf nicht alles sein."

Katrin lachte. Und Christian sah sie zum allerersten Mal richtig lachen.

Im Frühjahr wurden die Malereien an der Betonwand Wirklichkeit. Plötzlich hatte auch der Hausmeister nichts mehr gegen Efeu, der die Hauswände hochrankte, und er half kräftig mit, als überall, wo es möglich war, Sträucher und Blumen gepflanzt wurden. Vor allem Sonnenblumen. Echte Sonnenblumen natürlich.

Kleiner Wolf

Vor über hundert Jahren, als noch viele Indianer in ihren Zelten in der Prärie lebten, wurden von den Jungen oft Mutproben verlangt. Kleiner Wolf war noch nicht mal acht Jahre alt, als die größeren Indianerjungen ihn immer wieder dazu herausforderten, seinen Mut zu beweisen. Was sollte er tun? Seine Beine waren noch lange nicht so flink wie die der anderen, auch beim Schwimmen blieb er weit hinter den anderen zurück, und wenn es morgens nach dem Aufstehen darum ging, ins eiskalte Wasser eines Flusses zu springen, dann hatte er schon beim Gedanken daran eine Gänsehaut. Er wußte, daß er seinem Namen keine Ehre machte, und das bedrückte ihn sehr.

Sein Vater war Häuptling des Stammes, und er konnte sich großer Heldentaten rühmen. Wie gern hätte Kleiner Wolf

ihm gezeigt, daß er sich seines Sohnes nicht zu schämen brauchte. Aber er brachte beim besten Willen nichts zustande, wodurch er sich hätte auszeichnen können.

Am schlimmsten war es für Kleiner Wolf, wenn sein Vater ihn fragte: „Willst du dich immer hinter meinem Rücken verstecken, Kleiner Wolf?"

Nein, das wollte er nicht. Aber es war schwierig, etwas zu tun, womit er Ehre einlegen konnte. Und so verging ein Tag nach dem anderen. Kleiner Wolf streifte viel allein umher, damit die anderen ihn nicht verhöhnen konnten.

Auf seinen Streifzügen sah er eines Tages einen Mustang, der sich von der Herde abgesondert hatte. War das auch so ein trauriger Einzelgänger wie er? Kleiner Wolf lockte den Hengst, der seine

Mähne schüttelte und leise wieherte. Aber das Tier kam nicht mehr als dreißig Schritte näher. Dann wandte es sich ab und galoppierte davon. Sehnsüchtig blickte der Indianerjunge dem falbenfarbenen Hengst mit der dunklen Mähne nach. Es war ein schönes Tier, aber sehr scheu.

Kleiner Wolf konnte von da ab an nichts anderes mehr denken als an das Pferd. Am nächsten Tag wartete er stundenlang an der Stelle, an der er den falben Hengst das erste Mal erblickt hatte. Und dann kam er: Ganz langsam schritt er auf den Indianerjungen zu, blieb aber im gleichen Abstand wie am Vortag. Klei-

ner Wolf lockte ihn mit leiser Stimme. Es schien, als höre der Hengst ihm zu. Nach einer Weile drehte er sich um und trabte langsam davon.

So wiederholte sich das viele Tage, ohne daß sich etwas anderes ereignete. Nur die Pünktlichkeit, mit der der Hengst erschien, verblüffte Kleiner Wolf. Er konnte es an den Schatten sehen, die der Felsen warf, hinter dem der Hengst hervortrat.

Kleiner Wolf erzählte niemandem etwas von seinen Begegnungen. Nicht einmal seinem Vater sagte er, wohin er jeden Nachmittag ging. Einmal wagte er, sich dem Hengst zu nähern. Der schnaubte aufgeregt und ließ den Jungen bis auf zehn Schritte nahe kommen, bevor er sich abwandte. Jeden Tag wurde es ein Schritt weniger, bis sie einander so nahe waren, daß Kleiner Wolf nur den Arm auszustrecken brauchte, um die Nüstern des Tieres zu berühren. Aber er wußte, daß diese Bewegung alles zerstört hätte.

Wieder vergingen Tage. Kleiner Wolf sprach leise mit dem Hengst, er vertraute ihm seinen ganzen Kummer an. Und schließlich blieb der Hengst stehen, als er seine Mähne berührte.

Wieviel Zeit vergangen war, bevor Kleiner Wolf das Tier herumführen und schließlich aufsitzen durfte, konnte er später nicht mehr sagen. Aber eines Tages war es soweit. Jede Begegnung vertiefte das Vertrauen zwischen dem Jungen und dem Pferd. Als es Herbst wurde, konnte Kleiner Wolf den Hengst zu den Zelten reiten. Er brachte ihn nicht gleich zu den anderen Pferden, weil sich das Tier erst eingewöhnen sollte.

„Du hattest viel Geduld, Kleiner Wolf." Der Indianerjunge brauchte sich nicht umzudrehen. Er wußte, daß sein Vater hinter ihm stand. „Ich habe dich beobachtet, viele Tage und Monde lang. Ich bin sehr stolz auf meinen Sohn."

Kleiner Wolf drehte sich zum Häuptling, der sein Vater war, um. „Aber ich habe doch gar nichts getan, worauf du stolz sein könntest, Vater. Ich kann nicht schneller laufen als die anderen, beim Schwimmen komme ich immer als letzter an, und mein Pfeil trifft nur selten das Ziel..." Er verstummte, denn sein ganzer Kummer wurde ihm wieder bewußt. Durch die Freundschaft mit dem falbenfarbenen Hengst hatte er fast vergessen, wie wenig er den anderen Indianerjungen glich, die täglich bewiesen, welche körperliche Kraft in ihnen heranwuchs.

Der Häuptling lächelte, dann legte er seine Hand vorsichtig auf den Rücken des Hengstes. „Du wirst das alles lernen, Kleiner Wolf. Was du kannst, wird aber nicht jeder können – Geduld haben und bescheiden sein. Wie heißt dein Pferd?"

Kleiner Wolf wurde durch das Lob seines Vaters ganz verlegen. Er brachte nur mühsam den Namen heraus, den er dem Hengst unzählige Male ins Ohr geflüstert hatte: „Windpfeil."

Und dann schrie er einen Siegesruf hinaus, der auch im letzten Zelt zu hören war. Kleiner Wolf brauchte den Spott der anderen nicht mehr zu fürchten.

Die fliegende Luftmatratze

„Ich bin so schlapp!" Die kunterbunte Luftmatratze schaut verdrießlich in den Himmel. „Schau dir mal die Wolken an, wie prall gefüllt die sind!"

Pit spürt den Vorwurf. Er hat sich mit dem Aufpumpen wirklich nicht allzuviel Mühe gegeben. Es ist schwül, und vielleicht gibt es sogar ein Gewitter. Mürrisch wälzt er sich neben die Luftmatratze ins Gras.

„Willst du vielleicht fliegen? So wie die Wolken?" fragt er höhnisch.

Die Luftmatratze ist gekränkt. „Denkst du etwa, das könnte ich nicht? Aber mit dem bißchen Luft im Bauch wirst sogar du Fliegengewicht für mich zu einer Last."

Das läßt Pit nicht auf sich sitzen. „Erstens bin ich kein Fliegengewicht, und zweitens kannst du Luft kriegen, bis du

platzt. Dann werden wir ja sehen, ob du fliegen kannst. Angeber!"

Pit pustet sich fast die Lunge aus dem Leib. Die kunterbunte Luftmatratze wird dick und dicker.

„Genug jetzt!" sagt sie. „Hol mir vom Kiosk vier Luftballons, einen gelben, einen roten, einen grünen und einen blauen."

„Aha!" höhnt Pit. „Ist wohl doch nicht so einfach mit dem Fliegen."

„Nun mach schon!" sagt die bunte Luftmatratze. „Sonst kommt das Gewitter dazwischen."

Pit kauft fünf Luftballons. Der Reserveballon ist besonders schön. Er sieht aus wie ein Zeppelin und ist silberfarben.

Der Luftballonverkäufer hat alle fünf Ballons aus seiner großen Gasflasche gefüllt. Pit kann sie kaum halten. Eine starke Windböe trägt ihn fast davon.

„Ist ja auch keine Kunst", sagt Pit zur kunterbunten Luftmatratze, als er wieder zurückkommt. „Mit den Dingern kann ich sogar fliegen."

„Binde die Ballons an den vier Ecken an!" befiehlt die Luftmatratze. „Du wirst staunen, wie hoch wir fliegen."

Pit hat große Mühe, die Ballons richtig zu befestigen. Und als er an der vierten Ecke den blauen Luftballon anbindet, hebt die Luftmatratze schon ab. Pit klammert sich ängstlich am Rand fest und zieht sich mit letzter Kraft hoch.

„Siehst du, klappt doch alles bestens!" kichert die kunterbunte Luftmatratze. Und schon startet sie geradewegs in Richtung Wolken.

„Nicht so hoch!" schreit Pit. Doch der starke Wind bläst seine Worte einfach davon. Zur Sicherheit bindet Pit den Zep-

pelinballon an seinem Hosenbund fest. Es geht auf und ab, und manchmal drehen sie sich im Kreis.

Pit legt sich auf den Bauch und schaut nach unten. Sehr weit sind sie noch nicht geflogen, denn er kann die Stadt genau erkennen: die Schule, die Stadthalle, die Kirche, den Fußballplatz.

Aber alles ist winzig klein geworden. Wie aus einer Spielzeugschachtel.

„Na, was habe ich dir gesagt!" ruft die kunterbunte Luftmatratze übermütig. „Halt dich fest, jetzt geht's noch höher hinauf."

„Mir reicht's!" schreit Pit. Doch auch das hört die Luftmatratze nicht.

214

Bald sind sie mitten in den Wolken, und Pit kann nichts mehr sehen.

„Was bist denn du für einer?" fragt eine dicke graue Wolke ganz aufgeregt. „Sieh zu, daß du wegkommst, es wird gleich donnern und blitzen."

„Wohin denn? Meine Luftmatratze hört doch nicht auf mich. Sie will immer höher und höher." Pit hämmert mit den Fäusten auf die Luftmatratze und schreit: „Landen! Landen! Landen! Hörst du!"

Aber die kunterbunte Luftmatratze scheint sich hier oben so richtig wohl zu fühlen. Sie tut, als spüre sie Pits Fäuste nicht. Und Pit wird es ganz schwindlig, als sie im Kreis herumgewirbelt werden.

„Zieh doch den Stöpsel raus", rät ihm da die dicke Wolke und kichert leise vor sich hin. „Da fällt sie von allein runter."

„Und ich mit! Nein, danke!" Pit weiß, daß das keine Lösung ist. Gegen das Fliegen hat er ja gar nichts einzuwenden. Nur müßte es nicht gerade jetzt sein, wo das Gewitter schon grollt und der Wind so stark bläst.

Auf einmal hat Pit eine Idee. Er entschließt sich, die vier Luftballons von den Ecken zu lösen.

„Was machst du?" schimpft die Luftmatratze. „Wir verlieren an Höhe. Hör jetzt sofort auf mit dem Unsinn!"

Pit achtet nicht auf das Schreien und Zetern der Luftmatratze. Schnell läßt er die vier Ballons in die Gewitterwolken fliegen. „Ich weiß ja jetzt, wie das geht", denkt er. „Fliegen werden wir ein anderes Mal, wenn die Sonne scheint und kein so starker Wind bläst."

Auch aus dem Zeppelinballon läßt er vorsichtig die Luft ab. Die Gummihülle schiebt er unter sein T-Shirt. Sie verlieren weiter an Höhe, bald sind sie wieder unter den Wolken. Grelle Blitze zucken über den Himmel. Der Donner ist ganz nah.

Als Pit am nächsten Morgen aufwacht, sucht er die Luftmatratze. Sie liegt in einer Zimmerecke und hat kein bißchen Luft in ihrem Bauch.

Pits Mutter steckt den Kopf zur Zimmertür herein. „Das war ein sehr schlimmes Gewitter heute nacht. Aber davon hast du sicher nichts gemerkt, Pit. Du schläfst ja immer wie ein Murmeltier."

„Hast du eine Ahnung", denkt Pit. „Bei der Landung ist mir ganz schlecht geworden. Den nächsten Flug plane ich viel besser. Das kann man doch nicht einer Luftmatratze überlassen, die vom Fliegen überhaupt keine Ahnung hat."

Der Fernsehhund

Sebastian ließ keine Sendung aus, in der Karo mitspielte. Karo war ein schwarz-weißer Mischlingshund. In der Serie war er zwar nicht die Hauptfigur, aber ohne Karo konnte sich Sebastian die Handlung überhaupt nicht vorstellen. Am liebsten hätte er einen Brief ans Fernsehen geschrieben und angefragt, wo Karo lebte, wenn er nicht gerade im Fernsehen mitspielte. Aber der Brief kam aus zwei Gründen nicht zustande: Erstens konnte Sebastian noch keinen Brief schreiben, weil er noch nicht mal in die Schule ging, und zweitens fürchtete er, Max könnte ihn auslachen. Max war Sebastians großer Bruder. Und nichts traf Sebastian so sehr in seiner Ehre, wie ausgelacht zu werden.

Karo lachte ihn nie aus. Und damit ist eigentlich schon das große Geheimnis verraten. Sebastian konnte sich nämlich mit Karo unterhalten. Manchmal, wenn die Handlung langweilig wurde und Karo nur irgendwo herumliegen oder herumlaufen mußte, redete er mit Sebastian: „Öde, was? Als ob es für einen Hund nichts anderes zu tun gäbe, als in einem Fernsehfilm mitzuspielen."

„Du hast recht, Karo. Ich möchte das nicht mal als Mensch."

„Hast du einen Hund, Sebastian?"

„Leider nicht, Karo. Unsere Wohnung ist zu klein. Und Hunde, die nur in der Wohnung sein müssen – nein, das ist auch nichts."

Bevor sie sich weiter unterhalten konnten, war der Film zu Ende. Aber am nächsten Tag machte Karo einen Vorschlag, der Sebastian vor Freude in der Wohnung herumspringen ließ. „Ich werde dein Hund. Dein Fernsehhund Karo."

„Das ist die Idee! Aber wie kommst du aus dem Fernsehkasten raus, Karo? Ich möchte dich doch auch mal streicheln,

216

dir Futter geben und mit dir draußen rumrennen..."

Karo bellte ein bißchen, aber das mußte er gerade im Film machen. Das hatte nichts zu bedeuten. „Ich will ja auch hier fort. Denkst du, es macht Spaß, immer nur das zu tun, was die Fernsehrolle vorschreibt? Mir wird schon was einfallen."

Leider konnte Sebastian am nächsten und am übernächsten Tag nicht fernsehen, weil der Fernseher kaputtgegangen war.

„Wo warst du denn?" fragte Karo, als Sebastian endlich wieder die Sendung einschalten konnte.

„Entschuldigung, der Fernseher hat gestreikt. Hast du dir was ausgedacht, damit du zu mir kommen kannst?"

Karo hatte gerade Zeit, weil er nur auf seinem Kissen in der Fernsehwohnung herumliegen mußte. „Ja, ich werde fliehen, Sebastian. Und du kannst mir dabei helfen."

„O ja, gerne. Du brauchst mir nur zu sagen, was ich tun soll." Sebastian war begeistert von Karos Fluchtplan. Karo hatte ihm den Trick verraten: Kurz bevor der Film zu Ende war, kam noch eine Einblendung, in der Karo in Großaufnahme zu sehen war. „Da mußt du ganz schnell den Fernseher ausschalten, und in diesem Augenblick springe ich aus der Sendung."

„Zu mir, Karo?"

„Zu dir, Sebastian. Du darfst mich nur nicht ans Fernsehen erinnern, das ist die einzige Bedingung."

So einfach war das also. Sebastian war sehr froh darüber, daß er nun keinen Brief mehr ans Fernsehen schreiben mußte, um Karo streicheln zu können. Und Max konnte ihn auch nicht auslachen. Der würde neidisch sein, weil er diesen Trick bei Superman nicht anwenden konnte.

Sebastian konnte es kaum erwarten, bis die Sendung zu Ende ging. Und da kam endlich die Einblendung – aus!

„Hat doch prima geklappt, nicht wahr?" Karo sprang zu Sebastian auf den Teppich. Der konnte es noch gar nicht fassen, daß er Karo nun leibhaftig bei sich hatte. Er brachte Karo erst mal eine Schüssel Wasser, weil der Hund beim Fernsehen nichts bekommen hatte, dann liefen sie die Treppe hinunter und tollten durch den Park. Sebastian konnte gar nicht genug davon bekommen, mit Karo zu spielen. Es war herrlich, einen Freund wie Karo zu haben.

„Mußt du morgen wieder beim Fernsehen sein?" fragte Sebastian.

Karo blieb plötzlich stehen. „Jetzt hast du alles verpatzt, Sebastian", sagte er traurig. „Wir hatten doch ausgemacht, daß du nicht vom Fernsehen redest."

„Entschuldigung", sagte Sebastian. „Ich hatte nicht daran gedacht. Ist das sehr schlimm?"

„Ja. Ich muß nun wieder in den Kasten. Und reden kann ich auch nicht mehr mit dir. Schade. Aber ich werde immer an dich denken."

„Bleib doch, Karo! Ich will dir noch so viel erzählen..."

Aber Karo war plötzlich verschwunden. Und Sebastian saß auf dem Teppich vor dem Fernseher und hatte die Fernbedienung in der Hand.

„Träumst du, Kleiner?" Max nahm ihm die Fernbedienung aus der Hand. „Spiel draußen weiter, jetzt kommt ein Film für Erwachsene."

Sebastian war wütend auf ihn. Dann dachte er: „Morgen probiere ich den Trick noch einmal aus. Vielleicht kommt Karo doch wieder."

218

Die Millionenerbschaft

Wenn einer eine Erbschaft macht, dann muß er doch nicht gleich hochmütig werden, nicht wahr? Deshalb ärgerten sich Franziska, Jakob und Jarmila über Cami. Der ließ sich plötzlich überhaupt nicht mehr bei ihnen blicken. Jakob wußte es von seinem Vater, und der hatte es in der Kneipe gehört: „Die Malottas haben eine Erbschaft gemacht, Millionen."

„Ist das sehr viel Geld?" wollte Franziska wissen. Sie konnte sich unter Millionen nichts vorstellen. Ihr Taschengeld bekam sie markstückweise.

„Klar ist das viel", sagte Jarmila. „Aber vielleicht sind das auch Lire. Da ist das dann nicht so viel, hat meine Mama gesagt."

„Million ist Million!" Jakob beharrte darauf, daß das sehr viel Geld sei, ob Mark oder Lire. „Aber deswegen braucht Cami uns doch nicht gleich im Stich zu lassen."

„Hat vielleicht Angst, daß er uns ein Eis spendieren muß." Jarmila dachte immer gleich praktisch.

Da keiner etwas Genaueres wußte, stellten sich die Freunde die Erbschaft immer größer vor. „Ziehen die wieder nach Italien? Vielleicht können wir alle im Sommer hinfahren. Die haben dann bestimmt ein großes Haus gleich am Meer..."

„Und vielleicht auch ein Schiff." Jakob träumte davon, mit einer Jacht auf den Wellen zu schaukeln.

Cami ließ sich tagelang nicht blicken. Als Franziska bei den Malottas klingelte, weil sie es vor Neugier nicht mehr aushielt, öffnete niemand. Die Nachbarin steckte den Kopf zur Tür heraus und sagte: „Die sind nach Italien zur Beerdigung gefahren, der Opa ist gestorben. Cami ist sehr traurig, redet kaum mit jemandem."

Mit dieser Neuigkeit überraschte Franziska die anderen. Nun war es nicht nur Gerede, sondern ganz sicher, daß Cami von seinem Großvater Millionen erben würde.

Aber wie ging man mit einem Freund um, der plötzlich so reich geworden war? Konnte man da einfach sagen: „Prima, Cami, daß du wieder da bist. Wieviel hast du denn geerbt?"

„Vielleicht will er gar nicht mehr, daß wir Cami zu ihm sagen." Aber Franziska, Jarmila und Jakob wußten nicht mehr, wie Cami eigentlich mit dem richtigen Vornamen hieß. Irgendwann, ganz zu Anfang ihrer Freundschaft, als Cami noch sehr wenig Deutsch sprechen konnte, hatte er diesen Namen bekommen.

„Camillo oder so ähnlich", überlegte Jakob. „Aber genau weiß ich's nicht mehr."

Als bei den Malottas endlich die Jalousien wieder hochgezogen wurden, wußten sie, daß Cami wieder da war. Und gleich am nächsten Nachmittag fand er sich wieder bei den Freunden ein. „Was ist? Ihr seid so komisch."

„Du warst lange fort", sagte Jakob. „Und vielleicht willst du ja jetzt auch nichts mehr mit uns zu tun haben..."

„Spinnst du? Warum denn nicht?"

„Wo du doch jetzt Millionen hast – oder dein Papa?" Jarmila wollte nicht länger Katz und Maus spielen.

„Was denn für Millionen?" Cami war so erstaunt, daß die anderen ihm glaubten, daß er nichts von einer Millionenerbschaft wußte.

„Dein Papa hat doch in der Kneipe mit Italien telefoniert", klärte Jakob ihn auf. „Da haben die Leute gehört, daß er von Millionen geredet hat – und daß dein Großvater sie ihm vererbt hat."

Jetzt lachte Cami laut. „Nicht Millionen, sondern Melonen! Viele, viele Melonen! Und die mußten geerntet werden. Ich kann keine mehr sehen! Nicht eine einzige!"

Da lachten auch die drei anderen. Ihnen war ein Melonen-Cami viel lieber als ein Millionen-Camillo.

Der Schutzengeljob

„Ich weiß nicht mal, wie er aussah!" Lucy sagte das ganz leise. Ihre Mutter hatte es aber trotzdem gehört. Seit dem Beinaheunfall war Lucy ganz verändert, viel stiller und nachdenklicher.

„Das ging ja auch viel zu schnell", meinte die Mutter. „Und außerdem hatte er ja den Motorradhelm auf. Das hast du mir doch erzählt, Lucy."

„Haben Schutzengel Motorradhelme auf?"

„Wieso Motorradhelme?" Noch während sie fragte, erinnerte sich die Mutter, daß sie gesagt hatte, Lucy habe sicher einen Schutzengel gehabt, sonst wäre wer weiß was passiert. Der junge Motorradfahrer hatte geistesgegenwärtig gebremst, als Lucy über die Straße laufen wollte, weil dort ihre Freundin aufgetaucht war. Lucy hatte wieder einmal nicht auf den Verkehr geachtet.

„Manchmal haben Schutzengel auch Motorradhelme auf", sagte die Mutter, weil sie Lucys Frage noch nicht beantwortet hatte.

Lucy dachte wieder nach. Dann sagte sie: „Ich hab' mir Schutzengel immer ganz anders vorgestellt. So mit einem langen weißen Kleid und mit großen Flügeln, wie auf dem Bild mit den Kindern auf der Brücke. Aber mit Motorradhelm – nie!"

„Der Schutzengeljob ist eben moderner geworden." Lucys Mutter lachte. „Oder kannst du dir einen Schutzengel in weißem Gewand und mit Flügeln auf einem Motorrad vorstellen?"

Nein, das konnte sich Lucy nicht vorstellen. Trotzdem wollte sie sich noch nicht überzeugen lassen. Der Schutzengel auf dem Bild, das einmal im Urlaub über ihrem Bett gehangen hatte, gefiel ihr besser. Viel besser.

Lucy wollte aber ihren Motorradhelmschutzengel gern wiedersehen, um ihm zu danken. Wer weiß, ob er ihr Dankeschön gehört hatte, als sie es abends im Bett in die Dunkelheit geflüstert hatte. Zur Sicherheit wollte sie das Dankeschön lieber jeden Abend sagen. „Irgendwann wird er es schon hören", dachte sie. Es ging ja nicht nur um das eine Mal. Lucy erinnerte sich gleich an mehrere Gelegenheiten, wo sie gerade mal so davongekommen war, ohne Schaden zu erleiden. Aber davon wußte ihre Mutter nichts, das war ihr Geheimnis mit dem Schutzengel.

An einem Abend kam er endlich zu Lucy. „Du brauchst nicht dauernd danke schön zu sagen. Einmal genügt, Lucy."

„Ich dachte nur, du wärst so beschäftigt, daß du es nicht gehört hast." Lucy rückte in ihrem Bett ein Stück an die Wand, damit sich der Schutzengel auf die Bettkante setzen konnte. Natürlich hatte er wieder die Motorradkluft an und den Schutzhelm auf. „Kannst du den Helm nicht mal abnehmen? Ich möchte dein Gesicht sehen."

Der Schutzengel nahm den Helm ab.
„Na, wenigstens blonde Locken hat er",
dachte Lucy. Aber sonst war absolut
nichts Besonderes an ihm zu sehen.

„Enttäuscht?" fragte der Schutzengel.

„Ein bißchen", sagte Lucy. Sie wußte, er
würde es merken, wenn sie nicht die
Wahrheit sagte. „Wo hast du denn die Flügel gelassen?"

„Die stören nur beim Motorradfahren."

„Machst du das schon lange?" wollte
Lucy wissen.

„Na ja, wie man es nimmt. Eigentlich ist
Schutzengel mein Nebenjob."

„Und was ist dein Hauptjob?" Lucy war
jetzt sehr gespannt, was er sagen würde.

„Fliegen, was denn sonst." Der Schutzengel lachte ein bißchen. „Aber keine großen Maschinen, nur so kleine Privatflug-
zeuge."

222

„Ach so, er paßt auf, daß den Leuten nichts passiert, wenn sie starten und landen", dachte Lucy. „Und wie heißt du?" wollte sie dann wissen. Konnte ja sein, sie brauchte mal wieder einen Schutzengel, dann war es doch praktischer, wenn sie ihn gleich beim Namen rufen konnte.

„Michael", sagte der Schutzengel. „Aber du kannst mich Micha rufen, das machen alle meine Freunde."

Lucy freute sich. „Dann bin ich also jetzt deine Freundin?"

Der Schutzengel Micha nickte freundlich. „Aber paß schön auf dich auf, Lucy. Ich kann nicht immer dasein und bremsen, wenn du über die Straße läufst, ohne nach rechts und links zu schauen."

„Oder wenn ich ausprobiere, ob das Eis schon fest ist? Und wenn ich auf den Baum klettere, um an die roten Kirschen zu kommen, oder wenn ich …"

„Halt, Lucy! So viele Schutzengel gibt's im ganzen Himmel nicht, wie du brauchen könntest."

„Aber du könntest doch mein ganz persönlicher werden. Dann bräuchtest du nicht mehr in der Gegend rumzufliegen und könntest gleich bei mir wohnen."

„Das könnte dir so passen. Ich bin doch heute nur gekommen, weil du so gerne wissen wolltest, wie ich aussehe."

Lucy schämte sich ein bißchen. „Ja, das stimmt. Aber nun weiß ich es. Ich werde dich jetzt immer erkennen."

Da schüttelte der Schutzengel Micha den Kopf. „Das glaube ich nicht, Lucy. Denn Schutzengel haben viele Gesichter: Mal sehen sie so aus wie ich, dann vielleicht wie eine alte Frau, oder wie euer Nachbar oder vielleicht sogar wie jemand, den du sonst gar nicht gut leiden kannst."

Lucy gefiel das überhaupt nicht. „Das ist aber schwierig", meinte sie.

Micha nahm seinen Motorradhelm und gab Lucy die Hand. „Also, nun schlaf gut. Und denk dran: Schutzengel ist nur mein Nebenjob. Also paß selbst gut auf dich auf."

Bevor Lucy noch etwas sagen konnte, war ihr Schutzengel verschwunden. Einfach so.

Das Baumhaus

Manchmal wäre Tristan am liebsten in ein Schneckenhaus gekrochen. Aber erstens war er dazu viel zu groß oder die Schneckenhäuser viel zu klein, und zweitens war das keine Lösung für seine Schwierigkeiten.

Er fand sich einfach in der neuen Schule nicht zurecht. Die war riesig, und manchmal rannte Tristan den falschen Kindern hinterher, weil er dachte, sie seien aus seiner Klasse. Und dann die Spöttereien wegen seines Namens. Was konnte er dafür, daß seine Eltern gerade diesen Vornamen für ihn ausgesucht hatten?

Einmal prügelte sich Tristan mit zwei anderen Jungen deswegen und zog natürlich den kürzeren. So zerschrammt und mit zerrissenem T-Shirt traute er sich dann nicht mal nach Hause.

Er kletterte zu Hause im Garten auf die riesige alte Weide und hatte eine große Wut im Bauch. In seinen Gedanken und von hoch oben auf seinem Sitz im Baum besiegte er sie alle: den Tom, den Florian und sogar den großen Konrad. Der war Boß in der Klasse 3c, und wenn der etwas bestimmte, dann machten es die anderen auch. Aber Tristan wollte nicht wie die anderen kuschen.

Wenigstens nicht, solange er auf dem Weidenast saß.

Von da aus konnte er direkt in das Zimmer seiner Mutter sehen. Das Fenster war offen, und so hörte er sie telefonieren. Sie rief alle möglichen Leute an, weil sie sich Sorgen machte, wo Tristan geblieben war. Die Schule war seit drei Stunden aus.

Tristan dachte: „Soll sie sich ruhig Sorgen machen. Sonst hat sie nie Zeit, mich anzuhören. Jetzt hat sie Zeit zum Telefonieren. Ich hab' auch Zeit. Hier in der Weide ist es schön."

Und plötzlich kam ihm der Gedanke, sich in der Weide ein gemütliches Versteck einzurichten. Niemand würde ihn hier aufstöbern können, um ihm irgend etwas Unangenehmes aufzuhalsen oder ihn wegen seines Namens zu verspotten. Und über diesen Gedanken verging noch mindestens eine Stunde. Endlich kletterte Tristan von seinem Hochsitz hinunter und ging ins Haus.

„Wo warst du denn, Trissy? Und wie siehst du denn aus? Junge, ich hab' mir solche Sorgen gemacht. Ein Glück, daß du wieder da bist."

Tristan ließ alles über sich ergehen, sogar, daß er mitten am Tag in die Badewanne gesteckt und abgeschrubbt wurde, als sei er gerade von der Müllhalde zurückgekommen. Aber er schwieg.

Von diesem Tag an störte es ihn nicht mehr, wenn die anderen ihn verspotteten. Er hatte ja seinen Plan. Das Baumhaus. Jede freie Minute schleppte er Sachen in den Baum, die er zum Bau gebrauchen konnte: kurze Bretter, Stricke, Nägel, Hammer, die Hängematte, eine Kiste sogar, in der er seine Schätze aufbewahren konnte. Und seine Träume nahm er auch mit, die von den großen Heldentaten, von Abenteuern überall auf der Welt.

In der Schule konnte es schon vorkommen, daß er jetzt die Oberhand behielt, wenn Tom oder Florian ihm ein Bein stellten und sich dann auf ihn stürzten. Nur Konrad war so merkwürdig ruhig geworden.

An einem Nachmittag traute Tristan seinen Augen nicht, als er die Strickleiter zu seinem Baumhaus hinaufkletterte: Dort saß Konrad in der Hängematte.

„Verschwinde!" fauchte Tristan. „Das ist mein Baumhaus!"

Konrad blieb sitzen, als habe er die Aufforderung nicht gehört.

„Verschwinde!" sagte Tristan noch einmal. Ihm war zum Heulen zumute, weil sein Geheimnis entdeckt worden war.

Konrad räkelte sich in der Hängematte. „Es ist mein Baum", sagte er. „Also ist es auch mein..."

„Nein!" schrie Tristan. „Mach, daß du davonkommst!" Er stürzte sich auf Konrad. Es fehlte nicht viel, und die beiden wären bei ihrer Rauferei hinuntergefallen. Die Bodenplanken des Baumhauses bestanden schließlich nur noch aus Trümmern, als die beiden endlich aufhörten.

Konrad wischte sich mit dem Ärmel das Blut ab, das aus einer Kratzwunde am Kinn tropfte. „Ich weiß das mit dem Baumhaus schon lange. Meine Oma wohnt über euch. Da hab' ich dich gesehen, als du gebaut hast. Das Haus gehört nämlich meiner Oma."

„Und das Baumhaus gehört..." Tristan verstummte. Vom Baumhaus war nicht mehr viel übriggeblieben. Das meiste war bei der Prügelei hinuntergefallen oder hing in den Ästen.

„War aber eine gute Idee", gab Konrad zu. „Und verteidigt hast du dich auch prima. Bist in Ordnung, Tris."

Tristan schaute Konrad an, weil er nicht glauben konnte, was der sagte. Kein Spott mehr? Sogar ein Lob? Und sogar einen Namen, mit dem er gut zurechtkommen würde? „Wir könnten es ja zusammen wieder aufbauen", schlug

er zögernd vor. „Nur müßte es dann größer sein – für uns zwei."

Konrad stand groß und breitbeinig in
den Ästen und beklopfte sie, um ihre
Haltbarkeit zu prüfen. Tristan kam sich
klein und jämmerlich vor, als er auf die
Antwort wartete. Doch dann straffte er
sich und sagte: „Es muß aber unser
Geheimnis bleiben."

„Was denn sonst! Denkst du, ich will die
Kümmerlinge hier haben, die sich nur
prügeln und sonst nichts im Kopf
haben? Und zu einer richtigen Blutsbrü-
derschaft gehören sowieso nur zwei."

Konrad grinste übers ganze Gesicht,
als er Tristans Hand nahm und damit das
Blut von der Schramme am Kinn
wischte.

Die Geburtstagsparty

„Nein", sagte Ullas Mutter. Dabei blieb es.

Ulla nahm die Zettel und legte sie in ihrem Zimmer auf den Tisch, einen neben den anderen. Aber sosehr sie sich auch anstrengte, es fiel ihr keine Lösung ein. Und in einer Woche war ihr Geburtstag. Sie hatte ihre Wünsche auf Zettel geschrieben. Die Mutter hatte die Zettel gelesen und einfach gesagt: „Nein. So nicht mehr."

Ulla schob die Zettel zu einem Päckchen zusammen. Da war die Liste mit den Namen der Freundinnen, die zu ihrer Geburtstagsparty eingeladen werden sollten, eine Aufstellung der Spiele, der Süßigkeiten, der Getränke – und die Liste, was Ulla jedem ihrer Gäste schenken wollte. Dieser letzte Zettel war der eigentliche Anlaß dafür gewesen, daß Ullas Mutter gesagt hatte: „Ich dachte, du willst deinen Geburtstag feiern? Weshalb dann Geschenke für deine Gäste? Überlege es dir noch einmal, das ist überflüssig."

„Das ist heute so, Mama – bei allen."

Ohne weitere Erklärung hatte ihre Mutter die Schublade der Kommode aufgezogen, in der massenweise Krimskrams lag. „Damit dann alles in einen Kasten kommt? Ihr solltet mal darüber nachdenken."

Ulla heulte. „Denkst du, es käme noch mal jemand zu meiner Geburtstagsparty, wenn..."

„Na, das würde ich aber mal ausprobieren", riet ihr die Mutter. „Auf diejenigen, die aus so einem Grund wegbleiben, kannst du doch glatt verzichten."

„Mich lädt dann aber auch niemand mehr ein", sagte Ulla. „Willst du das?"

„Wir hatten ausgemacht, auf alles Überflüssige zu verzichten. Schau dir mal deine Zettel an, du wirst es selbst merken."

Ulla breitete noch einmal die Zettel aus. Sie war ja nur deshalb so wütend, weil ihre Mutter recht hatte. Es war wirklich immer das gleiche Getue bei den

Geburtstagspartys. Hinterher wurde dann verglichen, wo es am besten war.

Ulla kreuzte mit dem Filzstift an, was ihre Mutter als unnütz bezeichnet hatte: das bunte Plastikgeschirr beispielsweise, das den Abwasch hinterher ersparte, die lustigen Einladungskarten samt Briefmarken, die neuen Spiele, das allerneueste Videoband – und die Geschenke für ihre Gäste. Kleinkariert und handgestrickt würde nun alles aussehen. Wütend warf Ulla die Zettel in den Papier-

korb. Dann kniete sie sich vor die noch offene Kommodenschublade. Sie nahm ein paar Sachen heraus und versuchte, sich zu erinnern, wann und wo sie die Geschenke erhalten hatte. Es gelang ihr nur schwer. Da schob sie den Kasten wieder zu.

Nein, von all diesen Sachen brauchte sie eigentlich nichts. Aber sie konnte doch nicht einfach auf die Einladungskarten schreiben: Geschenke gibt es diesmal nicht!

Warum eigentlich nicht? Es würde sich zeigen, wer dann nur ihretwegen kam, einfach nur deshalb, um mit ihr einen Nachmittag zu feiern.

Ullas Geburtstag fiel auf einen Sonntag. Sie hatte für ihre Gäste den Tisch gedeckt. Gartenblumen standen in der Vase, und wenn sie ehrlich war, gefiel ihr das blaue Steingutservice viel besser als das bunte Plastikgeschirr aus dem Supermarkt. Beim Spülen konnten ja alle zusammen helfen – wenn überhaupt jemand kam.

Immer wieder schaute Ulla auf die Uhr. Einen Tisch, der ihre Geburtstagsgeschenke aufnehmen konnte, hatte sie erst gar nicht bereitgestellt. In ihrer mündlichen Einladung hatte sie klargemacht: Ihr kriegt nichts – ich erwarte nichts. Und wem das nicht gefällt, der braucht nicht zu kommen.

Gerade der letzte Satz machte ihr jetzt zu schaffen: „Sie werden nicht kommen, Mama. Niemand wird mit mir feiern."

„Und darüber wärst du traurig? Ich denke, du tust deinen Freunden unrecht, Ulla. Die haben sich vielleicht nur nicht getraut, mit dieser Unsitte Schluß zu machen..."

Bevor Ullas Mutter weitersprechen konnte, kamen die Geburtstagsgäste. Jedes Mädchen hatte Blumen in der Hand – von der Wiese hinter der Stadt: Margeriten, Lichtnelken, Glockenblumen, Vergißmeinnicht und noch viele andere. Ulla freute sich darüber, mehr als über viele Geschenke. Ihre Freundinnen hatten sich Mühe gegeben und waren weit gelaufen, um ihr eine Freude zu machen. Alle waren gekommen, und alle waren fröhlich. Keiner schielte zum Nachbarn, welches Geschenk neben dessen Teller liegen könnte.

„Wie bist du denn auf diese prima Idee gekommen, Ulla?"

Ulla wechselte einen kurzen Blick mit ihrer Mutter. Die nickte ermunternd. „Wir hatten ausgemacht, auf alles Überflüssige zu verzichten. Es liegt ja dann doch nur rum, oder man wirft es weg. Aber ich hatte wirklich Angst, es könnte keiner zu meinem Fest kommen."

„Na hör mal!" protestierten alle. „Wir sind deinetwegen gekommen. Und wir haben doch alles, was wir brauchen."

Der Geburtstagskuchen schmeckte prima, die selbsterdachten Spiele machten viel mehr Spaß als gekaufte, und ans Videogucken dachte niemand.

Ulla zog abends, als alle gegangen waren, den Kasten ihrer Kommode auf. „Wird Zeit, daß ich den leerräume", dachte sie. „Den Platz brauche ich für Wichtigeres."

Alex, der Mäuseprinz

Er war nur ein bißchen größer als andere Mäuse. Worüber Florian staunte, waren drei Dinge: Der Mäuseprinz konnte reden, der Mäuseprinz lief auf zwei Hinterpfoten und stand aufrecht, und drittens war er wie eine Märchenfigur gekleidet. Das sah etwas altmodisch aus, paßte aber zu ihm.

Er war zu Florian gekommen, ohne etwas anderes zu sagen als: „Guten Tag, ich hoffe, daß ich dich nicht störe. Darf ich dich ein wenig beobachten?"

Florian wußte nicht, was er von dieser Bitte halten sollte. „Wenn es dir Spaß macht, meinetwegen."

„Ich heiße Alex und soll einmal Mäusekönig werden."

Dann setzte er sich neben die Lampe auf dem Arbeitstisch von Florian und beobachtete wirklich nur. Florian vergaß ihn beinahe, so still und bescheiden verhielt sich Alex, der ein echter Mäuseprinz war.

Am nächsten Tag kam Alex wieder. Diesmal hatte er Jeans an und Turnschuhe, sogar das T-Shirt glich dem von Florian. „Mann, wie hast du denn das so schnell geschafft?"

„Ich habe dich beobachtet. Und ich will werden wie du."

„Bloß nicht", seufzte Florian. „Als Vorbild bin ich nicht so sehr geeignet. Ich hab' in Mathe gerade eine Vier gekriegt."

„Was tust du denn dagegen?" fragte der Mäuseprinz.

„Üben, was denn sonst. Noch eine Vier kann ich mir nicht leisten."

Alex beschnupperte das Mathebuch. „Ist wirklich nicht so einfach. Aber du schaffst das schon. Soll ich dir helfen?"

Gemeinsam erledigten sie Florians Hausaufgaben. „Warum willst du denn so werden wie ich?" fragte Florian.

Alex, der Mäuseprinz, dachte erst noch einmal nach, bevor er antwortete. „Bei uns stimmt irgendwas nicht. Mein Vater,

der Mäusekönig, läßt sich zu sehr von seinen Beratern beeinflussen. Aber die haben nur ihren Vorteil im Kopf. Gierig sind sie und egoistisch. Sie streiten dauernd um ihre Rechte, vergessen dabei aber ihre Pflichten. Und die Mäuse sind lieblos geworden, gleichgültig, denken nicht mehr über ihren Käserand hinaus ..."

„Halt!" sagte Florian. „Beschreibst du jetzt wirklich deinen Mäusestaat? Denkst du, bei uns wäre es anders?"

„Das will ich eben herauskriegen", meinte der Mäuseprinz. „So wie jetzt können wir doch nicht weitermachen. Und wenn ich einmal König werde, soll wirklich alles anders werden."

„Du hast Mut, Mann!" Florian bezweifelte, daß es Alex gelingen würde, den Mäusestaat zu ändern.

„Und wie soll ich dir dabei helfen?"

„Ich will dich nur beobachten. Vielleicht kann ich von dir etwas lernen. Du könntest mich ja manchmal mitnehmen, in deine Schule zum Beispiel, oder wenn du mit deinen Freunden zusammen bist. Ich bringe dich nicht in Schwierigkeiten, bestimmt nicht."

Florian gefiel die Beharrlichkeit des Mäuseprinzen, und auch die Bescheidenheit beeindruckte ihn, und der Lerneifer.

Und weil er nicht das allerschlechteste Beispiel vom Menschen abgeben wollte, nahm er sich auch sehr zusammen, wenn

Alex ihn begleitete. Abends sprachen sie dann über die Ereignisse des Tages.

„Ihr Menschen seid besser als wir", sagte Alex dann oft. „Ihr denkt nach, und ihr liebt einander."

Florian hätte jetzt sagen müssen: „Du siehst ja nur einen kleinen Teil unseres Lebens, und ich nehme mich höllisch zusammen, wenn du mit dabei bist." Aber er brachte es nicht übers Herz, dieses schöne Bild, das Alex von den Menschen gewonnen hatte, zu zerstören.

„Ihr fallt nicht einfach übereinander her wie wir Mäuse", sagte Alex. „Ich finde es prima, daß ihr miteinander redet und so manches Problem aus der Welt schafft."

„Der sieht nur das Gute!" dachte Florian. „Wir streiten genauso wie die Mäuse, sind egoistisch und verderben die Umwelt. Wir lügen und betrügen einander. Und wir lieben uns auch nicht. Wenig-

stens nicht alle. Und ich mache Alex sogar noch was vor. Aber ich bin zu feig, ihm die Wahrheit zu sagen."

„Glaubst du wirklich alles, was du bisher gesehen hast?" fragte Florian den Mäuseprinzen. „Es ist nicht alles so gut, wie du es gerne hättest. Und ich habe dich auch beschwindelt, weil ich dir das Schlechte erst gar nicht gezeigt habe ..."

„Das ist schon so in Ordnung", beruhigte ihn Alex, „ich denke, wir haben beide gelernt: Wie es sein könnte, wenn wir nur wollten. Ist das nicht schon eine ganze Menge?"

Nach diesem Gespräch verabschiedete sich Alex, der Mäuseprinz, von seinem Menschenfreund Florian. Sie dachten beide noch oft an die Zeit, die sie miteinander erlebt hatten. Und sicher versuchten sie, manches anders zu machen. Sie hatten ja schon gelernt, daß das möglich ist, wenn man nur will.

Die Autorin

wurde 1931 in Prödlitz bei Aussig geboren.
Nach dem Krieg lebte sie dann in Leipzig,
wo sie auch studierte. Danach begann sie
als freischaffende Schriftstellerin und Jour-
nalistin für Verlage, Rundfunk und Fernsehen zu arbeiten. 1979 entschloß sie sich,
künftig in der Bundesrepublik Deutschland
zu leben. In den folgenden Jahren entstan-
den bemerkenswerte Kinder- und Jugend-
bücher, unter anderem „Treffpunkt Weltzeit-
uhr" (Deutscher Jugendliteraturpreis 1985)
und „Sternschnuppenzeit" (Buxtehuder
Bulle 1989).

Ihre Bücher sind in mehrere Sprachen
übersetzt worden.

Die Illustratorin

Marion Krätschmer, in Nordrhein-Westfalen
geboren und dort groß geworden, illustriert
seit vielen Jahren mit Vorliebe Kinder-
bücher.

Das Handwerkszeug erwarb sie an
der Akademie für das Grafische Gewerbe in
München.

Heute lebt die freiberuflich tätige Illustra-
torin als Wahlbayerin in einem Vorort von
München.

Große bunte Bücher bei Loewe:

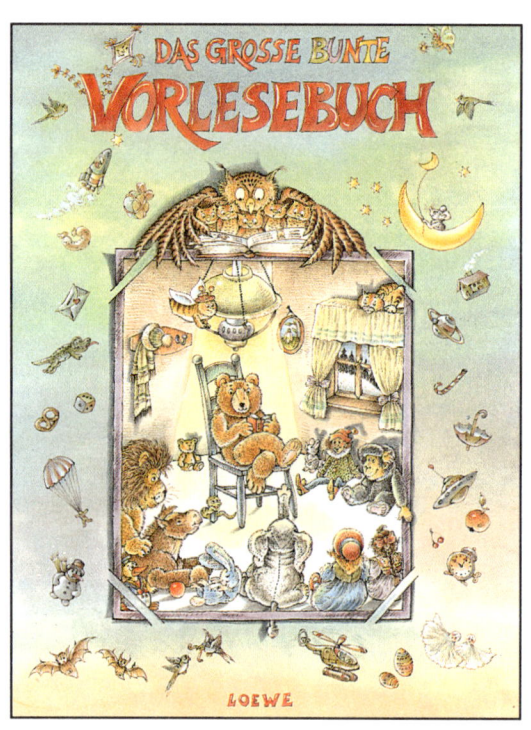

Unterhaltung und Information

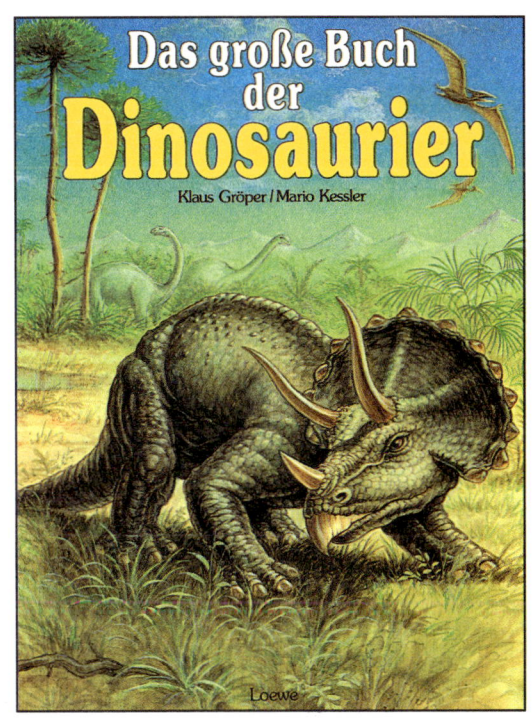